Q&A

デロイト トーマツ税理士法人
税理士
川井久美子

田原和洋 税理士・社会保険労務士事務所
税理士／社会保険労務士
田原和洋

［著］

外国人役員・従業員の
税務・社会保険・労働保険

中央経済社

はしがき

　日本を訪れる外国人は増加の一途をたどっており，令和元年においては日本に在留する外国人は293万人になり過去最多を記録しました。

　令和2年に入り，新型コロナウイルス感染症の影響により新たに入国する外国人は減少していますが，政府は外国人材受入れの環境整備を推進しており，今後コロナが収束した後には，来日する外国人が再び増加することが予想されます。

　在留外国人の増加に伴い，日本で就労している外国人の雇用形態は多様化してきています。たとえば，海外拠点からの出向者や研修生の受入れ，外国人留学生や海外在住の外国人の新卒採用，日本国内での外国人社員の転職活動による採用など，実に多岐に渡っており，受入先の企業においては，税金や社会保険の取扱いに戸惑うことが多いかと思います。

　日本の所得税法上，課税関係を検討する際には，居住者・非居住者等の居住形態の判定や，日本が各国と締結している租税条約の適用関係も考慮する必要がありますが，海外拠点からの出向者か日本法人との直接雇用かによっても，税務の取扱いに影響がでることもあります。

　近年コーポレートガバナンス・コードの導入以降，外国人役員の登用が増加しており，日本に来日せずとも非居住者役員として日本本社の業務を執行するケースも出てきています。このような雇用形態の多様化や海外在住によるリモートワークの台頭により課税関係の検討がより難しくなっています。

　また，社会保険や労働保険の取扱いについても，雇用形態や滞在期間，出向元国との社会保障協定の適用の有無により異なります。さらに，社会保険の報

酬の定義と税務上の給与の定義では相違することもあり，外国人を受け入れる場合のコンプライアンス体制を複雑にしています。

　複雑化する税務，社会保険を考える上では，基本となる考え方を理解することが極めて重要となってきます。本書では，このような外国人を取り巻く税務や社会保険，労働保険の取扱いを質疑応答形式でわかり易くかつ実務担当者の方に考え方の基礎から学べるように解説を加えました。

　また，実務を考える上では，社会保険から税務の論点まで包括的に検討する必要があるため，各事例の中で関連する社会保険と税務の取扱いをまとめて解説しています。実務担当者にとっては有益な書籍であると確信しております。

　なお，全編を通じて意見にわたる部分については，個人的意見であることを申し添えます。

　最後に，本書の執筆にあたっては，デロイト　トーマツ税理士法人のOBであり，実務の第一線で活躍されている税理士，社会保険労務士の田原和洋先生にご尽力いただきました。厚く感謝申し上げます。

　令和3年1月

執筆者を代表して

デロイト　トーマツ税理士法人　税理士

川井　久美子

目　　次

第2章　赴任前・101

第1章

総　論

● 本書の対象とする外国人

　本書の対象とする外国人は，原則として，外国の法人（本書において，社会保険の取り扱い上，外国の法人は，国内の適用事業所ではない海外の事業所に該当するものとします）に在籍する役員，従業員で，日本国籍がなく日本の法人（本書において，社会保険の取り扱い上，日本の法人は，国内の適用事業所に該当するものとします）に以下の目的で派遣される者とします。

- 日本の法人の役員に就任
- 出向（外国の法人に籍を置いたまま，日本の法人で従業員として日本の法人の指揮命令権の下で勤務するもの）
- 出張（外国の法人の役員または従業員が，出張で来日するもので，出張先の日本の法人との間に委任，雇用関係はないもの）
- 研修

　なお，外国の法人と日本の法人は別法人とし，本店・支店関係はないものとします。

　また，本書の非居住者は，日本に恒久的施設を有しない非居住者であるものとします。

● 本書の記載内容について

　本書の記載内容は令和2年（2020）10月31日現在の法令・通達・情報等に基づいています。

Q1 課税上の留意事項

　外国人の課税方法は日本人と異なるのでしょうか。留意すべき点があれば教えてください。

【概　要】

(1) 永住者，非永住者，非居住者（日本に恒久的施設を有しない非居住者であるものとします。以下，本問において同様です）のいずれの区分に該当するかによって，所得税，住民税の課税範囲が異なることから，外国人がいずれの区分に該当するかを確認する必要があります。

(2) 住民税では，所得税の取扱いと異なる独自の規定がありますので，その規定を理解しておく必要があります。

(3) 租税条約，租税協定は，国内法に優先して適用されるため，外国人の税務上の取扱いを検討する場合は，租税条約，租税協定についても確認する必要があります。

【解　説】

1　所得税の取扱い

　所得税では，外国人は，日本における滞在状況・期間によって，【図表１−１】の３つのステータスに区分されます。それぞれのステータスごとに以下のとおり課税範囲が異なりますので（所得税法２条３号・４号・５号，５条１項・２項，７条１号・２号・３号），外国人が以下のいずれの区分に該当するかを確認する必要があります。

4

【図表1－1】所得税の取扱い

区　分	定　義	課税範囲
居住者 （永住者）	＜日本国籍がある場合＞ • 日本国内に住所がある個人 • 日本国内に現在まで引き続いて1年以上居所がある個人 ＜日本国籍がない場合＞ • 日本国内に住所がある個人で，過去10年以内に日本国内に住所または居所があった期間が5年超のもの • 日本国内に現在まで引き続いて1年以上居所がある個人で，過去10年以内に日本国内に住所または居所があった期間が5年超のもの	すべての所得 （全世界所得）
居住者 （非永住者）	• 日本国籍がなく，日本国内に住所がある個人で，過去10年以内に日本国内に住所または居所がある期間の合計が5年以下のもの • 日本国籍がなく，日本国内に現在まで引き続いて1年以上居所がある個人で，過去10年以内に日本国内に住所または居所がある期間の合計が5年以下のもの	• 国外源泉所得以外の所得 • 国外源泉所得で国内において支払われたもの • 国外源泉所得で国外から送金されたもの
非居住者	日本国内に住所がなく，または日本国内に現在まで引き続いて1年以上居所がない個人	• 国内源泉所得

2　住民税の取扱い

　住民税では，所得割の課税標準の計算は，所得税の規定による計算の例によりますが，以下のとおり住民税に特有の取扱いがあるため，注意が必要です。詳細については，**Q7**をご参照ください。

⑴　住民税の納税義務者

　住民税は，住民税の賦課期日（翌年1月1日）において住民基本台帳に記録

されている者に対して課されます（地方税法24条1項・2項，294条1項・2項）。

(2) 国外転出時課税の譲渡所得の除外

国外転出時課税の譲渡所得は，所得割の課税標準から除外されます（地方税法32条1項・2項，313条1項・2項）。

(3) 所得税法上の非居住者期間の国内源泉所得の総合課税

住民税では，所得税法上の非居住者期間中に生じた国内源泉所得も他の所得と総合して住民税の課税対象になります（地方税法施行令7条の11）。

(4) 退職金の現年分離課税

住民税は，所得税法199条の規定により所得税を源泉徴収して納付する者から支払を受ける退職金は，その退職金の支払を受けるべき日の属する年の1月1日現在における住所所在の自治体で課税され，退職金から住民税が徴収（特別徴収）されます（地方税法50条の2，328条）。

(5) 納税管理人の届出

外国人が賦課期日前に帰任する場合において，未納住民税があるときや，外国人が賦課期日（1月1日）後で賦課税額が通知される前に帰任するため，住民税の納付が困難になる場合は，納税に関する一切の事項を処理させるため，住民税の納税管理人を定めることとされています（地方税法300条1項）。

3 租税条約，租税協定

租税条約，租税協定が締結されている国・地域から来日する外国人については，上記1および2と異なる取扱いになることがあります。それは，租税条約，租税協定に国内法と異なる定めがある場合は，租税条約，租税協定が国内法に優先して適用されるためです。したがって，外国人の税務上の取扱いを検討する場合は，租税条約，租税協定の適用の有無についても確認する必要があります。

Q2 日本での滞在状況・期間により異なる課税方法

日本に滞在する期間によって課税方法は変わりますか。

【概　要】

　外国人の場合には，日本に滞在する状況や期間によって居住者（永住者），居住者（非永住者），非居住者（日本に恒久的施設を有しない非居住者であるものとします。以下，本問において同様です）のいずれかに区分され，課税されます。判定にあたっては，住所および居所の意義についての理解も必要です。

【解　説】

1　居住者（永住者），居住者（非永住者），非居住者の判定

　外国人が居住者，非永住者，非居住者のいずれに該当するかは，【図表1－2】の方法により判定します。

【図表1－2】居住者（永住者），居住者（非永住者），非居住者の判定

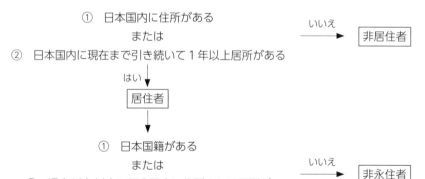

2　住　　所

　住所とは，生活の本拠をいい，生活の本拠であるかどうかは客観的事実により判定するものとされます（所得税基本通達2－1）。生活の本拠とは，生活に最も関係の深い一般的生活，全生活の中心を指すものであり，生活の本拠に当たるかどうかは，住居，職業，生計を一にする配偶者その他の親族の存否，資産の所在等の客観的事実に，居住者の言動等により外部から客観的に認識することができる居住者の居住意思を総合して判断するものとされています（最判昭27・4・15，最判昭35・3・22，東京高判平20・1・23）。

　ただし，実務上は，住所が日本国内にあるかどうかを上記の方法により判断することは難しいことから，外国人が，次のいずれかに該当する場合には，日本国内に住所を有する者と推定されます（所得税法施行令14条）。

> ① 日本国内に継続して1年以上居住することを通常必要とする職業があること（日本国内で事業を営み，または職業に従事する場合は，在留期間が1年未満であることが明らかなケースを除き，日本国内に継続して1年以上居住することを通常必要とする職業があるものと取り扱われます（所得税基本通達3－3））
> ② 日本国籍があり，日本国内に生計を一にする配偶者その他の親族を有することその他職業および資産の有無等に照らし，日本国内に継続して1年以上居住するものと推測するに足りる事実があること

　なお，上記により推定された住所が実態と異なる場合には，事実関係を示して反証することが可能です。

3　居　　所

　居所とは，生活の本拠という程度には至らないが，現実に居住している場所とされています（国税庁タックスアンサーNo.2012「居住者・非居住者の判定（複数の滞在地がある人の場合）」）。すなわち，居所というためには，一時的に居住するだけでは足りず，生活の本拠という程度には至らないものの，個

人が相当期間継続して居住する場所をいうものと解されています（神戸地裁平14・4・11）。したがって，外国人がホテル，ウィークリーマンション，社宅など日常生活用具がある場所で起居している場合，その場所が居所になることがあります。

4　租税条約，租税協定

　各国ごとに税法が異なり，居住者の定義も異なるため，その個人が，日本と日本以外の国の双方で居住者になることもあります。その場合は，租税条約，租税協定により，いずれの国の居住者に該当するかを判定することになります。

Q3 海外からの出張者（出張期間10カ月）の受入れ時の課税

　海外からの出張者（出張期間10カ月）の受入れを予定していますが，日本国内においてどのようなものが課税対象となりますか。

【概　要】..

　日本への出張期間が10カ月の場合は日本において非居住者（日本に恒久的施設を有しない非居住者であるものとします。以下，本問において同様です）の扱いとなります。所得税法上，非居住者の課税範囲は国内源泉所得（日本国内において稼得した所得）が対象となり，その具体的な内容は法令で規定されています。

【解　説】

　日本への出張期間が10カ月の場合は日本において非居住者の扱いとなります。所得税法上，非居住者の課税範囲となる国内源泉所得は，日本国内において稼得した所得で，その具体的な内容は，以下のとおりです。

　なお，この国内源泉所得は，租税条約，租税協定により，課税が免除されたり適用される税率や源泉地が置き換わったりすることがありますので，租税条約，租税協定も確認する必要があります（所得税法162条）。

> 1　非居住者が恒久的施設を通じて事業を行う場合において，恒久的施設が非居住者から独立して事業を行う事業者であるとしたならば，恒久的施設が果たす機能，恒久的施設において使用する資産，恒久的施設と非居住者の事業場等との間の内部取引その他の状況を勘案して，その恒久的施設に帰せられるべき所得（恒久的施設の譲渡により生ずる所得を含む）（所得税法161条1号）
> 2　国内にある資産の運用または保有により生ずる所得（所得税法161条2号）
> 3　国内にある資産の譲渡により生ずる所得として以下のもの（所得税法161条3号）

(1) 国内にある不動産の譲渡による所得（所得税法施行令281条1項1号）

(2) 国内にある不動産の上に存する権利，鉱業権，採石権の譲渡による所得（所得税法施行令281条1項2号）

(3) 国内にある山林の伐採または譲渡による所得（所得税法施行令281条1項3号）

(4) 内国法人の発行する株式その他内国法人の出資者の持分の譲渡による所得で以下のもの（所得税法施行令281条1項4号）

　① 同一銘柄の内国法人の株式等の買集めをし，その所有者である地位を利用して，その株式等を内国法人もしくはその特殊関係者に対し，またはこれらの者もしくはその依頼する者のあっせんにより譲渡することによる所得

　② 内国法人の特殊関係株主等である非居住者が行う内国法人の株式等の譲渡による所得

(5) 不動産関連法人の株式の譲渡による所得（所得税法施行令281条1項5号）

　　不動産関連法人とは，株式の譲渡日から起算して365日前の日から譲渡の直前の時までの間のいずれかの時において，その法人の有する資産の価額の総額のうち，国内にある土地等その他一定の法人の株式の価額の合計額の占める割合が50％以上である法人をいう（所得税法施行令281条8項）。

(6) 国内にあるゴルフ場の所有または経営に係る法人の株式または出資で，それらを所有することがそのゴルフ場を一般の利用者に比して有利な条件で継続的に利用する権利を有する者となるための要件とされているものの譲渡による所得（所得税法施行令281条1項6号）

(7) 国内にあるゴルフ場その他の施設の利用に関する権利の譲渡による所得（所得税法施行令281条1項7号）

(8) 非居住者が日本国内に滞在する間に行う国内にある資産の譲渡による所得（所得税法施行令281条1項8号）

(9) 適格ストック・オプションの行使により取得した株式の譲渡による所得（措置法施行令19条の3第23項）

4　民法667条1項（組合契約）に規定する組合契約（これに類するものとして一定の契約を含む）に基づいて恒久的施設を通じて行う事業から生ずる利益で，組合契約に基づいて配分を受けるもののうち一定のもの（所得税法161

条4号)

5 国内にある土地もしくは土地の上に存する権利または建物およびその附属設備もしくは構築物の譲渡による対価（土地等の譲渡による対価で，自己または親族の居住用として譲り受けた個人から支払われるもので，対価が1億円以下のものは除く）（所得税法161条5号，所得税法施行令281条の3）

6 国内において人的役務の提供を主たる内容とする事業で一定のものを行う者が受ける人的役務の提供に係る対価（所得税法161条6号）

7 国内にある不動産，国内にある不動産の上に存する権利もしくは採石権の貸付け，租鉱権の設定または居住者もしくは内国法人に対する船舶もしくは航空機の貸付けによる対価（所得税法161条7号）

8 所得税法23条1項（利子所得）に規定する利子等のうち以下のもの（所得税法161条8号）

(1) 日本国の国債もしくは地方債または内国法人の発行する債券の利子

(2) 外国法人の発行する債券の利子のうち外国法人の恒久的施設を通じて行う事業に係るもの

(3) 国内にある営業所等に預け入れられた預貯金の利子

(4) 国内にある営業所等に信託された合同運用信託，公社債投資信託または公募公社債等運用投資信託の収益の分配

9 所得税法24条1項（配当所得）に規定する配当等のうち以下のもの（所得税法161条9号）

(1) 内国法人から受ける剰余金の配当，利益の配当，剰余金の分配，金銭の分配または基金利息

(2) 国内にある営業所等に信託された投資信託（公社債投資信託および公募公社債等運用投資信託を除く）または特定受益証券発行信託の収益の分配

10 国内において業務を行う者に対する貸付金でその業務に係るものの利子（所得税法161条10号）

11 国内において業務を行う者から受ける以下の使用料または対価でその業務に係るもの（所得税法161条11号）

(1) 工業所有権その他の技術に関する権利，特別の技術による生産方式もしくはこれらに準ずるものの使用料またはその譲渡による対価

(2) 著作権（出版権および著作隣接権その他これに準ずるものを含む）の使用料またはその譲渡による対価

(3) 機械，装置その他政令で定める用具の使用料

12 以下の給与，報酬または年金（所得税法161条12号）

 (1) 俸給，給料，賃金，歳費，賞与またはこれらの性質を有する給与その他人的役務の提供に対する報酬のうち，国内において行う勤務その他の人的役務の提供（内国法人の役員として国外において行う勤務その他一定の人的役務の提供を含む）に基因するもの

 (2) 所得税法35条3項（公的年金等の定義）に規定する公的年金等

 (3) 所得税法30条1項（退職所得）に規定する退職手当等のうち，その支払を受ける者が居住者であつた期間に行った勤務その他の人的役務の提供（内国法人の役員として非居住者であつた期間に行った勤務その他一定の人的役務の提供を含む）に基因するもの

13 国内において行う事業の広告宣伝のための賞金として，国内において事業を行う者からその事業の広告宣伝のために賞として支払を受ける金品その他の経済的利益（所得税法161条13号，所得税法施行令286条）

14 国内にある営業所または国内において契約の締結の代理をする者を通じて締結した生命保険会社または損害保険会社の締結する一定の保険契約，その他の年金に係る契約で，年金を給付する定めのあるものに基づいて受ける年金（所得税法209条2号（源泉徴収を要しない年金）に掲げる年金に該当するものを除く）で，上記12(2)の公的年金等以外のもの（所得税法161条14号，所得税法施行令287条）

15 国内にある営業所が受け入れた定期積金，掛金等の給付補填金，国内にある営業所を通じて締結された抵当証券に記載された債権の元本および利息の支払等の契約で一定のものにより支払われる利息，国内にある営業所を通じて締結された金その他貴金属等の買入れまたは売戻しに関する契約で一定のものに基づく利益または国内にある営業所が受け入れた外国通貨で表示された預貯金で一定のもの等の差益（所得税法161条15号，174条，所得税法施行令298条）

16 国内において事業を行う者に対する出資につき，匿名組合契約（これに準ずる契約として一定のものを含む）に基づいて受ける利益の分配（所得税法161条16号）

17 上記に掲げるもののほかその源泉が国内にある所得で以下のもの（所得税法161条17号，所得税法施行令289条）

 (1) 国内において行う業務または国内にある資産に関し受ける保険金，補償金または損害賠償金に係る所得

(2)　国内にある資産の法人からの贈与により取得する所得

(3)　国内において発見された埋蔵物または国内において拾得された遺失物に係る所得

(4)　国内において行う懸賞募集に基づいて懸賞として受ける金品その他の経済的な利益に係る所得

(5)　上記(2), (3), (4)のもののほか，国内においてした行為に伴い取得する一時所得

(6)　上記(1)から(5)のもののほか，国内において行う業務または国内にある資産に関し供与を受ける経済的な利益に係る所得

Q4　課税範囲から除外される国外源泉所得

　所得税法上の非永住者については，海外で発生する国外源泉所得については課税されないと聞きました。課税範囲から除外される国外源泉所得とはどのようなものでしょうか。

【概　要】

　所得税法上の非永住者の課税範囲から除外される国外源泉所得とは，源泉が日本国外にある所得で，その具体的な内容は，法令で規定されています。一般的な例としては，国外の金融機関から発生する利息や国外に所在する不動産所得などがあります。

【解　説】

　所得税法上の非永住者の課税範囲から除外される国外源泉所得とは，源泉が日本国外にある所得で，その具体的な内容は，以下のとおりです。

> 1　居住者が国外事業所等を通じて事業を行う場合において，その国外事業所等がその居住者から独立して事業を行う事業者であるとしたならば，その国外事業所等が果たす機能，その国外事業所等において使用する資産，その国外事業所等とその居住者の事業場等との間の内部取引その他の状況を勘案して，その国外事業所等に帰せられるべき所得（その国外事業所等の譲渡により生ずる所得を含み，以下15に該当するものを除く）（所得税法95条4項1号）
> 2　国外にある資産の運用または保有により生ずる所得（所得税法95条4項2号）
> 3　国外にある以下の資産の譲渡により生ずる所得（所得税法95条4項3号）
>   (1)　国外にある不動産（所得税法施行令225条の4第1項1号）
>   (2)　国外にある不動産の上に存する権利，鉱業権，採石権（所得税法施行令225条の4第1項2号）
>   (3)　国外にある山林（所得税法施行令225条の4第1項3号）
>   (4)　外国法人の発行する株式または外国法人の出資者の持分の譲渡で，発行済株式の総数または出資の総額の一定割合以上に相当する数の株式または金

額の出資を所有する場合に，その外国法人の本店または主たる事務所の所在する国または地域において外国所得税が課されるもの（所得税法施行令225条の4第1項4号）

(5)　不動産関連法人の株式（所得税法施行令225条の4第1項5号）

　　　不動産関連法人とは，その法人の有する資産の価額の総額のうち，国外にある土地等の価額の合計額が50％以上である法人をいいます（所得税法施行令225条の4第2項）。

(6)　国外にあるゴルフ場の所有または経営に係る法人の株式で，それを所有することがそのゴルフ場を一般の利用者に比して有利な条件で継続的に利用する権利を有する者となるための要件とされているもの（所得税法施行令225条の4第1項7号）

(7)　国外にあるゴルフ場その他の施設の利用に関する権利（所得税法施行令225条の4第1項7号）

※海外上場株式は，一般的に，上記(4)，(5)，(6)には該当しませんので，海外上場株式の譲渡により生ずる所得は，租税条約，租税協定の規定により相手国等において外国所得税が課税されない限り，国外源泉所得には該当しないことになりました（詳細については，第3章Q5をご参照ください）。

4　国外において人的役務の提供を主たる内容とする事業で一定のものを行う者が受ける人的役務の提供に係る対価（所得税法95条4項4号）

5　国外にある不動産，国外にある不動産の上に存する権利もしくは国外における採石権の貸付け（地上権または採石権の設定その他他人に不動産，不動産の上に存する権利または採石権を使用させる一切の行為を含む），国外における租鉱権の設定または非居住者もしくは外国法人に対する船舶もしくは航空機の貸付けによる対価（所得税法95条4項5号）

6　所得税法23条1項（利子所得）に規定する利子等およびこれに相当するもののうち次に掲げるもの（所得税法95条4項6号）

(1)　外国の国債もしくは地方債または外国法人の発行する債券の利子

(2)　国外にある営業所等に預け入れられた預金または貯金の利子

(3)　国外にある営業所等に信託された合同運用信託もしくはこれに相当する信託，公社債投資信託または公募公社債等運用投資信託もしくはこれに相当する信託の収益の分配

7　所得税法24条1項（配当所得）に規定する配当等およびこれに相当するもののうち以下のもの（所得税法95条4項7号）

(1)　外国法人から受ける剰余金の配当，利益の配当もしくは剰余金の分配また

は金銭の分配もしくは基金利息に相当するもの

(2) 国外にある営業所等に信託された投資信託（公社債投資信託ならびに公募公社債等運用投資信託およびこれに相当する信託を除く）または特定受益証券発行信託もしくはこれに相当する信託の収益の分配

8 国外において業務を行う者に対する貸付金でその業務に係るものの利子（所得税法95条4項8号）

9 国外において業務を行う者から受ける以下の使用料または対価でその業務に係るもの（所得税法95条4項9号）

(1) 工業所有権その他の技術に関する権利，特別の技術による生産方式もしくはこれらに準ずるものの使用料またはその譲渡による対価

(2) 著作権（出版権および著作隣接権その他これに準ずるものを含む）の使用料またはその譲渡による対価

(3) 機械，装置その他政令で定める用具の使用料

10 以下の給与，報酬または年金（所得税法95条4項10号）

(1) 俸給，給料，賃金，歳費，賞与またはこれらの性質を有する給与その他人的役務の提供に対する報酬のうち，国外において行う勤務その他の人的役務の提供（内国法人の役員として国外において行う勤務その他一定の人的役務の提供を除く）に基因するもの

(2) 外国の法令に基づく保険または共済に関する制度で所得税法31条1号および2号（退職手当等とみなす一時金）に規定する法律の規定による社会保険または共済に関する制度に類するものに基づいて支給される年金（これに類する給付を含む）

(3) 所得税法30条1項（退職所得）に規定する退職手当等のうちその支払を受ける者が非居住者であつた期間に行った勤務その他の人的役務の提供（内国法人の役員として非居住者であつた期間に行った勤務その他一定の人的役務の提供を除く）に基因するもの

11 国外において行う事業の広告宣伝のための賞金として，国外において事業を行う者からその事業の広告宣伝のために賞として支払を受ける金品その他の経済的利益（所得税法95条4項11号，所得税法施行令225条の9）

12 国外にある営業所または国外において契約の締結の代理をする者を通じて締結した外国保険業者の締結する一定の保険契約，その他の年金に係る契約で，年金を給付する定めのあるものに基づいて受ける年金（年金の支払の開始の日以後に年金に係る契約に基づき分配を受ける剰余金または割戻

しを受ける割戻金および契約に基づき年金に代えて支給される一時金を含む）（所得税法95条4項12号）

13 国外にある営業所が受け入れた定期積金，掛金等の給付補填金，国外にある営業所を通じて締結された抵当証券に記載された債権の元本および利息の支払等の契約で一定のものにより支払われる利息，国外にある営業所を通じて締結された金その他貴金属等の買入れまたは売戻しに関する契約で一定のものに基づく利益または国外にある営業所が受け入れた外国通貨で表示された預貯金で一定のもの等の差益（所得税法95条4項13号，174条，所得税法施行令298条）

14 国外において事業を行う者に対する出資につき，匿名組合契約（これに準ずる契約として一定のものを含む）に基づいて受ける利益の分配（所得税法95条4項14号）

15 国内および国外にわたって船舶または航空機による運送の事業を行うことにより生ずる所得のうち国外において行う業務につき生ずべき所得として政令で定めるもの（所得税法95条4項15号）

16 租税条約の規定により相手国等において租税を課することができることとされる所得のうち一定のもの（所得税法95条4項16号）

17 上記に掲げるもののほかその源泉が国外にある所得で以下のもの（所得税法95条4項17号，所得税法施行令225条の14）

(1) 国外において行う業務または国外にある資産に関し受ける保険金，補償金または損害賠償金に係る所得

(2) 国外にある資産の法人からの贈与により取得する所得

(3) 国外において発見された埋蔵物または国外において拾得された遺失物に係る所得

(4) 国外において行う懸賞募集に基づいて懸賞として受ける金品その他の経済的な利益に係る所得

(5) 上記(2)，(3)，(4)のもののほか，国外においてした行為に伴い取得する一時所得

(6) 上記(1)から(5)のもののほか，国外において行う業務または国外にある資産に関し供与を受ける経済的な利益に係る所得

Q5 「国内において支払われたもの」とは

　所得税法上の非永住者の課税範囲となる「国外源泉所得で国内において支払われたもの」の「国内において支払われたもの」とは，どのようなものでしょうか。

【概　要】..

　「国内において支払われたもの」は，日本の法人から支給された給与や外国の法人（日本の法人とは別法人とし，本店・支店関係はないものとします。以下，本問において同様です）から本人の日本国内の口座へ振り込まれた給与を指しますが，具体的には通達にその内容が例示されています。

【解　説】

　国内において支払われたものとは，以下のようなものとされています（所得税基本通達7－4）。

---

(1)　その非永住者の国外にある営業所等と国外の顧客との間に行われた商取引の対価で，為替等によりその非永住者の国内にある営業所等に直接送付され，もしくはその国内にある営業所等に係る債権と相殺され，またはその国内にある営業所等の預金口座に直接振り込まれたもの

(2)　その非永住者の国外にある不動産等の貸付けによる賃貸料で，為替等によりその非永住者に直接送付され，またはその非永住者の国内にある預金口座に直接振り込まれたもの

　したがって，以下のものは，「国内において支払われたもの」に該当することになります。

・非永住者である外国人に対して，日本の法人から支給された給与
・外国の法人から非永住者の所有する日本国内の口座へ振り込まれた給与

Q6　「国外から送金されたもの」とは

所得税法上の非永住者の課税範囲となる「国外源泉所得で国外から送金されたもの」の「国外から送金されたもの」とは，どのようなものでしょうか。

【概　要】

「国外から送金されたもの」は，国内への通貨の持込みまたは小切手，為替手形などが該当します。具体的には通達にその内容が例示されています。

【解　説】

国外からの送金には，国内への通貨の持込みまたは小切手，為替手形，信用状その他の支払手段による通常の送金のほか，以下のような行為が含まれます（所得税基本通達7-6）。

> (1) 貴金属，公社債券，株券その他の物を国内に携行しまたは送付する行為で，通常の送金に代えて行われたと認められるもの
> (2) 国内において借入れをしまたは立替払を受け，国外にある自己の預金等によりその債務を弁済することとするなどの行為で，通常の送金に代えて行われたと認められるもの

したがって，以下のものは，「国外から送金されたもの」に該当します。

> ・日本国外の口座で決済されるクレジットカードを日本国内で使用
> ・外国人が日本国内で不動産を購入するために日本国外の預金から日本国内へ資金を移管
> ・タックスイコライゼーション契約（第3章**Q3**をご参照ください）に基づき，外国の法人（日本の法人とは別法人とし，本店・支店関係はないものとします。以下，本問において同様です）が，日本に派遣された外国人について日本で発生した税金や社会保険料を納付するための資金を送金

20

【図表1－3】 日本に派遣された外国人についての納税資金の送金

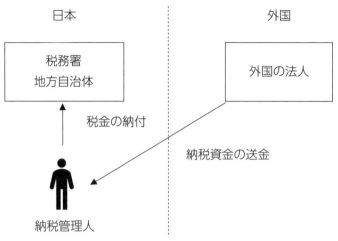

Q7　住民税の留意事項

来日外国人は住民税の課税対象になると思いますが，住民税の取扱いにおいて所得税と異なる点や留意すべき点を教えてください。

【概　要】

住民税では，所得割の課税標準の計算は，所得税の規定による計算の例によりますが，以下のとおり住民税に特有の取扱いがあるため，注意が必要です。

(1)　住民税の納税義務者

住民税は，住民税の賦課期日（翌年1月1日）において住民基本台帳に記録されている者に対して課されます（地方税法24条1項・2項，294条1項・2項）。

(2)　国外転出時課税の譲渡所得の除外

国外転出時課税の譲渡所得は，住民税において，所得割の課税標準から除外されます（地方税法32条1項・2項，313条1項・2項）。

(3)　所得税法上の非居住者期間の国内源泉所得の総合課税

住民税では，所得税法上の非居住者期間中に生じた国内源泉所得も他の所得と総合して住民税の課税対象になります（地方税法施行令7条の11）。

(4)　退職金の現年分離課税

住民税は，所得税法199条の規定により所得税を源泉徴収して納付する者から支払を受ける退職金は，その退職金の支払を受けるべき日の属する年の1月1日現在における住所所在の自治体で課税され，退職金から住民税が徴収（特別徴収）されます（地方税法50条の2，328条）。

(5)　納税管理人の届出

外国人が賦課期日前に帰任する場合において，未納住民税があるときや，外国人が賦課期日（1月1日）後で賦課税額が通知される前に帰任するため，住民税の納付が困難になる場合は，納税に関する一切の事項を処理させるため，住民税の納税管理人を定めることとされています（地方税法300条1項）。

【解　説】

　住民税では，所得割の課税標準は，前年の所得について算定した総所得金額，短期譲渡所得の金額，長期譲渡所得の金額，株式等に係る譲渡所得等の金額，先物取引に係る雑所得等の金額，退職所得金額および山林所得金額とされ，これらは，地方税法またはこれに基づく政令で特別の定めをする場合を除くほか，それぞれ所得税法その他の所得税に関する法令の規定による計算の例によって算定するものとされています（地方税法32条1項・2項，313条1項・2項）。したがって，住民税は，基本的には所得税の取扱いと同じものとして考えることになりますが，住民税に特有の取扱いもありますので，注意が必要です。

　所得税と異なる住民税に特有の取扱いで，外国人に関係すると考えられるものは，以下のとおりです。

1　住民税の納税義務者

　住民税は，住民税の賦課期日（翌年1月1日）において住民基本台帳に記録されている者に対して課されます（地方税法24条1項・2項，294条1項・2項）。

【図表1－4】住民税の課税

X0年1月1日	X1年1月1日 賦課期日	X1年5月頃 納税通知書

住所あり

所得 → 住民税

賦課期日に住所があるため
住民税が課税されます

　日本国籍を有しない外国人は，平成24（2012）年7月に施行された住民基本台帳法により，以下の(1)から(4)に該当する者が，外国人住民として住民基本台帳法の適用を受けることになりました（住民基本台帳法30条の45）。

---

(1)　**中長期在留者**

　　中長期在留者は，3カ月を超える在留資格により在留する者をいいます。ただし，以下の者は除きます。
- 短期滞在の在留資格が決定された者
- 外交または公用の在留資格が決定された者
- これらに準ずる者として法務省令で定めるもの

(2)　**特別永住者（在日韓国・朝鮮人および在日台湾人ならびにその子孫）**

(3)　**一時庇護許可者または仮滞在許可者**

(4)　**出生による経過滞在者または国籍喪失による経過滞在者**

　そのため，外国人は，中長期滞在者などの資格で3カ月を超えて市町村に住所を有する場合には，住民基本台帳に記録されるため，入国後1年未満で帰国する場合でも，賦課期日（翌年1月1日）に住民基本台帳に記録されているときは，所得税法上の居住者であるか非居住者であるかにかかわらず，住民税の納税義務者となります。

　ただし，外国人が，住民税が対象税目となる租税条約，租税協定を締結する相手国・地域から来日する場合において，その外国人が，租税条約，租税協定の規定により相手国・地域の居住者になるときは，賦課期日に住民基本台帳法に記録があっても，日本では非居住者と取り扱われるため，住民税は課されません。

　租税条約，租税協定には，対象税目に住民税が含まれるものと含まれないものが存在します。外国人が，住民税が対象税目となる租税条約，租税協定を締結する相手国・地域から来日する場合は，その外国人を，その租税条約，租税協定における居住者の条項に従い，日本と相手国・地域のいずれの国・地域の居住者であるかを判定することになります。租税条約，租税協定では，一般的に，居住者になるかどうかは，それぞれの締約国・地域の法令によって決めることとされ，双方の国・地域で居住者になる場合には，二重居住者の振り分け規定に従い，いずれの国・地域の居住者であるかを判定します。

　上記の判定の結果，住民税の納税義務者となる外国人が，相手国・地域の居

住者となる場合は，住民税では非居住者として取り扱われることになるため，住民税の納税義務はありません。しかし，賦課された住民税は自動的に取り消されるものではありませんので，実務的には，自治体に，その外国人が相手国・地域の居住者であることを証明する相手国・地域の居住者証明書などの書類を提出し，住民税の取消しを依頼することになります。

【図表1－5】租税条約，租税協定で，住民税が対象税目となる国・地域

> アイスランド，アイルランド，アラブ首長国連邦，イギリス，イスラエル，イタリア，エジプト，エストニア，オーストリア，オマーン，オランダ，カザフスタン，カタール，韓国，クウェート，サウジアラビア，ザンビア，シンガポール，スイス，スウェーデン，スペイン，スロベニア，旧ソ連邦（ロシア等に分割された15国のうちロシア，バルト三国（リトアニア，ラトビア，エストニア）を除いた国），台湾，中国，チェコスロヴァキア，チリ，デンマーク，ドイツ，トルコ，ノルウェー，ハンガリー，フィンランド，フランス，ブルガリア，ブルネイ，ヴィエトナム，ベルギー，ポルトガル，ポーランド，香港，マレーシア，南アフリカ，メキシコ，ラトビア，リトアニア，ルクセンブルク，ルーマニア，ロシア

2　国外転出時課税の譲渡所得の除外

住民税では，所得割の課税標準は，前年の所得について算定した総所得金額，短期譲渡所得の金額，長期譲渡所得の金額，株式等に係る譲渡所得等の金額，先物取引に係る雑所得等の金額，退職所得金額および山林所得金額とされ，これらは，地方税法またはこれに基づく政令で特別の定めをする場合を除くほか，それぞれ所得税法その他の所得税に関する法令の規定による計算の例によって算定するものとされていますが，国外転出時課税の譲渡所得は，住民税において，所得割の課税標準から除外されます（地方税法32条1項・2項，313条1項・2項）。

3　所得税法上の非居住者期間の国内源泉所得の総合課税

　住民税の所得の計算方法は，特別の定めがある場合を除き，基本的に所得税法上のものと同じです（地方税法32条1項・2項，313条1項・2項）が，賦課期日の前年中に所得税法に規定する非居住者であった期間がある者は，その非居住者期間中に生じた国内源泉所得がある場合には，その所得も他の所得と総合して住民税の課税対象になります（地方税法施行令7条の11）。

　実務上，所得税法上の非居住者期間中に生じた国内源泉所得の金額がある場合は，所得税の確定申告書の第二表の「住民税・事業税に関する事項」の「非居住者の特例」欄に，その金額を記入します。

【図表1-6】所得税法上の非居住者期間の国内源泉所得の総合課税

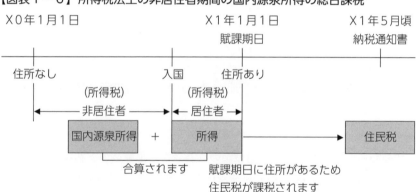

4　退職金の現年分離課税

　住民税は，所得税法199条の規定により所得税を源泉徴収して納付する者から支払を受ける退職金は，その退職金の支払を受けるべき日の属する年の1月1日現在における住所所在の自治体で課税され，退職金から住民税が徴収（特別徴収）されます（地方税法50条の2，328条）。

　この特別徴収の対象となる退職金は，退職金の支払を受ける年にその他の所

得と区分して課税されることから，現年分離課税といわれ，以下の特徴があります。

---

(1) 損益通算は行われず，繰越損失控除も行われない
(2) 所得控除，外国税額控除の適用はない
(3) 確定申告の対象にはならない
(4) 退職後に死亡または出国により翌年1月1日現在に自治体に住所がない場合でも，退職金について住民税の納税義務がある

なお，所得税法199条の規定により所得税を源泉徴収して納付する者以外の者から支払を受けるときは，現年分離課税の対象になりませんので，以下の者から支払を受ける退職金は，確定申告を行う義務があり，退職金の支払を受けた年の翌年に他の所得と総合して所得割が課されることになります。

---

(1) 常時2人以下の家事使用人のみに対し給与等の支払をする者
(2) 給与の支払をする者のうち租税条約等により所得税の源泉徴収義務を負わない者
(3) 外国の法人（日本の法人とは別法人とし，本店・支店関係はないものとします。以下，本問において同様です）

すなわち，住民税では，①退職金の支払者が，退職金の支払時に所得税法199条により所得税の源泉徴収義務を負うかどうか，②退職金の支払を受ける者が，退職金の支払を受けるべき日の属する年の1月1日現在において，日本に住所を有するかどうかによって，住民税の退職金に対する課税の取扱いが異なることになります。

なお，所得税法199条により所得税の源泉徴収義務を負うかどうかは，退職金が①居住者に対して支払われるかどうか，②国内において支払われるかにより判断することになります。

したがって，退職金の現年分離課税に関する取扱いは，【図表1－7】のようにまとめることが可能です。

【図表1−7】退職金の現年分離課税に関する取扱い

	退職金の支払方法（注1）	退職金支給時の所得税のステータス	所得税法199条の源泉徴収義務	退職金支払年の1月1日の住所	退職金支払年の翌年1月1日の住所	住民税の課税方法	損益通算，外国税額控除等
ケース1	国内（日本の法人）	居住者	あり	あり	あり	特別徴収	適用なし
ケース2	国内（日本の法人）	居住者	あり	なし	あり	確定申告	適用あり
ケース3	国外（外国の法人）	居住者	なし	あり	あり	確定申告	適用あり
ケース4	国外（外国の法人）	居住者	なし	なし	あり	確定申告	適用あり
ケース5	国内（日本の法人）	居住者	あり	あり	なし	特別徴収	適用なし
ケース6	国外（外国の法人）	居住者	なし	あり	なし	課税されない	−
ケース7	国内（日本の法人）	非居住者	なし	あり	なし	課税されない	−
ケース8	国外（外国の法人）	非居住者	なし	あり	なし	課税されない	−

（注1）「国内」は，日本の法人からの支払とし，「国外」は，外国の法人からの支払とします。
（注2）上記は，本書が対象とする外国人について想定されるケースを検討したものです。

　ケース別の詳細は，以下のとおりです。

(1)　日本の法人から支払を受ける場合

①　退職金の支払を受けるべき日の属する年の1月1日現在において，日本に住所を有するケース（ケース1）

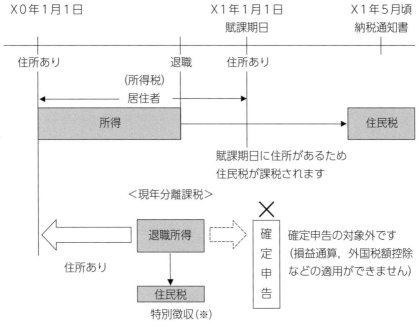

（※）退職金の支払時に居住者として所得税が源泉徴収され，退職年の1月1日に住所があるため，住民税は特別徴収されます

- 日本の法人は，所得税法199条（居住者に対する源泉徴収義務）に基づき退職金について所得税を源泉徴収する義務があり，退職金の支払を受けるべき日の属する年の1月1日現在において，日本に住所があるため，住民税は特別徴収されます。
- 退職金は，確定申告の対象外のため，他の所得との損益通算，繰越損失控除，所得控除，外国税額控除の適用はありません。

② 退職金の支払を受けるべき日の属する年の1月1日現在において，日本に
　住所を有しないケース（ケース2）

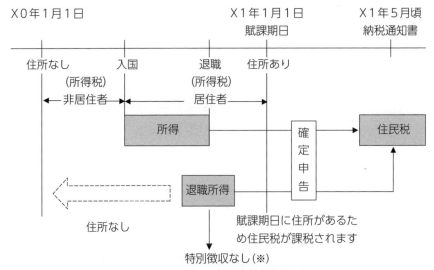

（※）退職金の支払時に居住者として所得税が源泉徴収されますが，退職年
　　の1月1日に住所がありませんので，住民税は特別徴収されません

● 日本の法人は，所得税法199条（居住者に対する源泉徴収義務）に基づき退職金
について所得税を源泉徴収する義務はありますが，退職金の支払を受けるべき日
の属する年の1月1日現在において，日本に住所がありませんので，住民税は特
別徴収されません。
● 退職金は，確定申告する必要があり，他の所得との損益通算，繰越損失控除，所
得控除，外国税額控除の適用があります。

(2) 外国の法人から支払を受ける場合

① 退職金の支払を受けるべき日の属する年の1月1日現在において，日本に住所を有するケース（ケース3）

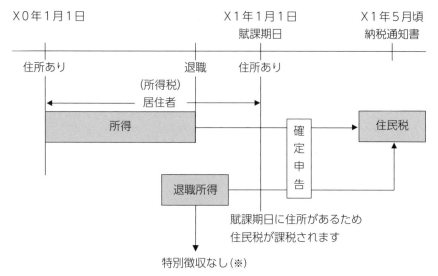

（※）外国の法人は退職金について源泉徴収義務がありませんので，支払時に住民税は特別徴収されません

- 外国の法人は，所得税法199条（居住者に対する源泉徴収義務）に基づき退職金について所得税を源泉徴収する義務はありませんので，住民税は特別徴収されません。
- 退職金は，確定申告する必要があり，他の所得との損益通算，繰越損失控除，所得控除，外国税額控除の適用があります。

②　退職金の支払を受けるべき日の属する年の 1 月 1 日現在において，日本に住所を有しないケース（ケース 4 ）

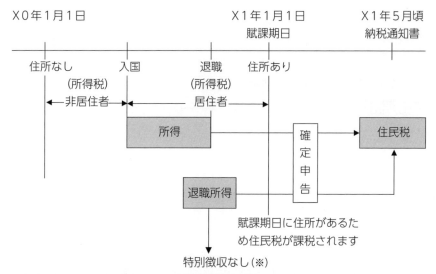

（※）外国の法人は退職金について源泉徴収義務がありませんので，支払時に住民税
　　は特別徴収されません

● 外国の法人は，所得税法199条（居住者に対する源泉徴収義務）に基づき退職金
について所得税を源泉徴収する義務はありませんので，住民税は特別徴収されません。
● 退職金は，確定申告する必要があり，他の所得との損益通算，繰越損失控除，所
得控除，外国税額控除の適用があります。

＊　＊　＊

　外国人の場合は，支給される退職金について日本だけでなく，国外でも課税されるケースも考えられます。住民税では，現年分離課税で課税関係が完了した退職金は確定申告の対象外になりますので，退職後の翌年 1 月 1 日まで日本に滞在し，永住者または非永住者として所得税の確定申告を行う場合でも，退

職金について国外で課税された税金について，外国税額控除を適用することができません。そのため，退職金について国外で課された税金が多いため，外国税額控除の計算で所得税の控除限度額を超えるときは，二重課税になる可能性があります（詳細は，下記「補足：現年分離課税の対象となる退職金以外の退職金と外国税額控除」参照）。

【図表1－8】現年分離課税と外国税額控除

（例）永住者とします
① 退職金：100（現年分離課税）
　　退職金に係る所得税：20，住民税：10（特別徴収），外国税金：30
② 給与・賞与：100
　　給与・賞与に係る所得税：30，住民税：15，外国税金：45
③ 退職金，給与・賞与は，国外勤務に係るものとします。

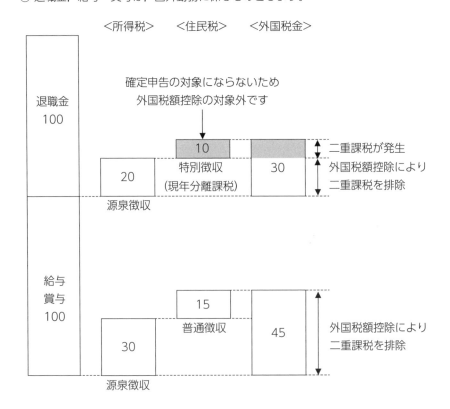

　退職金に対して国外で課税した国・地域との間に租税条約，租税協定が締結されており，その租税条約，租税協定の対象税目に住民税が含まれている場合には，二重課税が排除される余地は残されていますが，その租税条約，租税協定の対象税目に住民税が含まれていない場合には，その二重課税は排除されません。

補足：現年分離課税の対象となる退職金以外の退職金と外国税額控除

　住民税の所得の計算方法は，特別の定めがある場合を除き，基本的に所得税のものと同じため（地方税法32条1項・2項，313条1項・2項），現年分離課税となる退職金以外の退職金の取扱いは，以下のとおり，所得税と同じ取扱いになります。

1　日本の法人の役員の場合

(1)　永住者の場合

　日本の法人の役員の退職金は，その退職金のうちに国外勤務に係るものがある場合でも，その退職金は国外源泉所得には該当しませんので，国外所得はゼロとなり，外国税額控除は適用されません（所得税法95条）。

　ただし，租税条約，租税協定の規定により，日本の法人の退職金が国外勤務地国・地域で課税される場合には，その国外勤務地国・地域で課税される退職金は国外源泉所得に該当し，外国税額控除が適用されます（所得税法95条）。

　なお，租税条約，租税協定には，退職金についての明文の規定はありませんが，退職金は給与の一形態（退職に基因して支払われる給与）であることから，年金条項やその他所得条項（明示なき所得条項）の適用はなく，給与所得条項または役員報酬条項が適用されることとなるとされています（国税庁　質疑応答事例「非居住者である非常勤役員に支払う退職金」，「みなし退職所得に対する租税条約の適用関係」）。したがって，相手国・地域でも，退職金については，給与所得条項または役員報酬条項が適用されることになります。

(2)　非永住者の場合

　日本の法人の役員の退職金は，その退職金のうちに国外勤務に係るものがある場合でも，その退職金は国外源泉所得には該当しませんので，国外所得はゼロとなり，外国税額控除は適用されません（所得税法95条）。

　ただし，租税条約，租税協定の規定により，その退職金が国外勤務地国・地域で課税される場合には，その退職金は国外源泉所得に該当しますので，その退職金のうち日本の法人から支払われるものは「国内源泉所得で国内において支払われたもの」として，日本で課税対象になります。そのため，その退職金が国外でも課税されるときは，外国税額控除が適用されます（所得税法95条）。

2　日本の法人の従業員の場合

(1)　永住者の場合

　退職金の支給を受ける外国人が永住者である場合において，その外国人が従業員であるときは，その退職金のうちに国外勤務に係るものは国外源泉所得に該当し，国外で税金を課される場合には外国税額控除が適用されます（所得税法95条）。

　外国税額控除を適用する場合の国外源泉所得は，以下の方法で計算します（所得税基本通達95－26）。

$$退職所得の金額 \times \frac{退職手当等の総額のうちその源泉が国外にあるものの金額}{退職手当等の総額}$$

　実務上，退職金に係る「国外源泉所得」を計算する場合，以下の方法によります。

---

① 原　則

〈国外源泉所得の計算方法〉

• 日本の法人から支給される退職金＋外国の法人から支給される退職金＝退職金収入

• （退職金収入－退職所得控除額）×1／2＝退職所得の金額

- 退職所得の金額 × $\dfrac{\text{国外勤務日数}}{\text{退職金の総額の計算の基礎となった期間}}$

② ホームリーブがある場合

〈国外源泉所得の計算方法〉

- 日本の法人から支給される退職金＋外国の法人から支給される退職金＝退職金収入

- （退職金収入−退職所得控除額）×1／2＝退職所得の金額

- 退職所得の金額 × $\dfrac{\text{国外勤務日数}}{\text{退職金の総額の計算の基礎となった期間−ホームリーブの日数}}$

⑵　非永住者の場合

　退職金の支給を受ける外国人が非永住者である場合において，その外国人が従業員であるときは，その退職金のうちに国外勤務に係るものは国外源泉所得に該当し，その退職金のうち日本の法人から支払われるものは「国外源泉所得で国内において支払われたもの」として，日本で課税対象になります。そのため，その退職金が国外で課税されるときは，外国税額控除が適用されます（所得税法95条）。退職金に係る「国外源泉所得」の計算は，上記の永住者の場合と同様です。

＊　　＊　　＊

　住民税で現年分離課税が行われる趣旨は，退職金は退職後の事業資金，住宅建設資金などに充てられ，退職年の翌年には手元にそのまま残っていない場合が多く，また，退職者は，退職した年の翌年には極端に収入が減少するのが通常であって，退職者が稼得力を失った時点で住民税を課税することは，その負担について非常な重圧を感じることが少なくないので，その不合理を除去するためとされています。その制度趣旨からすれば，稼得力を失った退職者に対して二重課税が生じた場合に，その二重課税が排除されない状況が生じることは

不合理であり，また，個人が退職金の支払を受けるべき日の属する年の1月1日現在に日本に住所を有する場合において，支払者の違いにより課税方法が異なり，二重課税が解消されるケース（**ケース3**）と，二重課税が解消されないケース（**ケース1**）が生じることも，不合理であると思われます。しかしながら，現時点では，この状況が生じた場合を救済する特例的な取扱いは存在しません。したがって，外国人に退職金を支給する場合において，その外国人がその退職金について海外でも税金を課されるときは，二重課税が生じる可能性がありますので，退職金の支給にあたっては，支払方法に注意する必要があります。

　また，現年分離課税の対象となる退職金は，所得税法199条の規定により所得税を源泉徴収して納付するものに限られることから，外国人が帰任後に退職し，所得税法上の非居住者（日本に恒久的施設を有しない非居住者であるものとします。以下，本問において同様です）となってから退職金が支給される場合には，所得税法199条の規定の適用はなく，現年分離課税の対象にはならないと考えられます。外国人に対し，帰任にあたって退職金を支給する場合，その退職金を帰任前（居住者期間）に支給するか，帰任後（非居住者期間）に支給するかによっても，以下のとおり取扱いが異なることから，帰任を予定する外国人に対して退職金を支給する場合は，退職日や支払方法についても，注意する必要があります。

(3) 退職金を帰任前（居住者期間）に支給する場合

① 日本の法人から支払を受けるケース（ケース5）

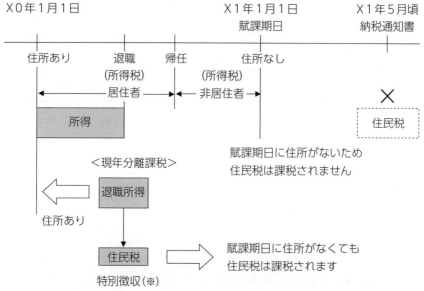

（※）退職金の支払時に居住者として所得税が源泉徴収され，退職年の
1月1日に住所があるため，支払時に住民税は特別徴収されます

- 日本の法人は，所得税法199条（居住者に対する源泉徴収義務）に基づき退職金について所得税を源泉徴収する義務があり，退職金の支払を受けるべき日の属する年の1月1日現在において，日本に住所があるため，住民税は特別徴収されます。
- 退職金は，確定申告の対象外のため，他の所得との損益通算，繰越損失控除，所得控除，外国税額控除の適用はありません。

② **外国の法人から支払を受けるケース（ケース6）**

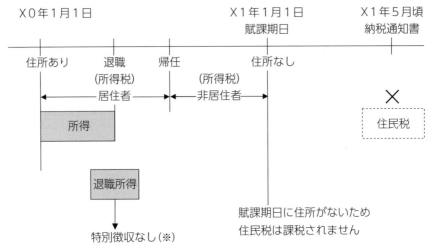

（※）外国の法人は退職金について源泉徴収義務がありませんので，支払時に
　　住民税は特別徴収されません

- 日本に住所がありますが，外国の法人は，所得税法199条（居住者に対する源泉
  徴収義務）に基づき退職金について所得税を源泉徴収する義務はありませんので，
  住民税は特別徴収されません。
- 賦課期日に日本に住所がありませんので，退職金は，確定申告する必要はありま
  せん。

(4) 退職金を帰任後(非居住者期間)に支給する場合

① 日本の法人から支払を受けるケース(ケース7)

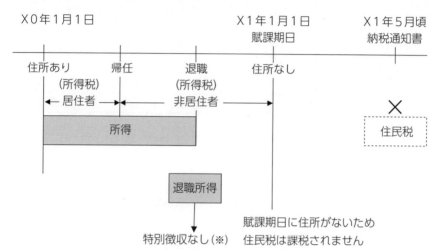

(※) 退職金の支払時は非居住者であるため,日本の法人は退職金について
所得税法199条に基づく源泉徴収義務はなく,支払時に住民税は特別
徴収されません

- 退職金の支給時は非居住者であるため,日本の法人は,所得税法199条(居住者に対する源泉徴収義務)に基づき退職金について所得税を源泉徴収する義務はなく,住民税は特別徴収されません。
- 賦課期日に日本に住所がありませんので,退職金は,確定申告する必要はありません。

② **外国の法人から支払を受けるケース（ケース8）**

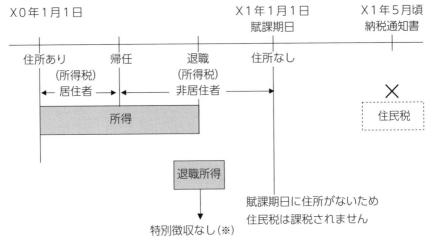

（※）外国の法人は退職金について源泉徴収義務がありませんので，支払時に
　　 住民税は特別徴収されません

- 外国の法人は，所得税法199条（居住者に対する源泉徴収義務）に基づき退職金について所得税を源泉徴収する義務はありませんので，住民税は特別徴収されません。
- 賦課期日に日本に住所がありませんので，退職金は，確定申告する必要はありません。

5　納税管理人の届出

　外国人が賦課期日前に帰任する場合において，未納住民税があるときや，外国人が賦課期日（1月1日）後で賦課税額が通知される前に帰任するため，住民税の納付が困難になる場合は，納税に関する一切の事項を処理させるため，住民税の納税管理人を定めることとされています（地方税法300条1項）。

　ただし，帰任する外国人が，住民税の徴収の確保に支障がないことについて自治体の長に申請してその認定を受けたときは，納税管理人を定めることを要しないとされており（地方税法300条2項），以下の場合には，納税管理人を定

めることを要しないものとして認定を受けることができるとされています。

- 外国人の住民税について，口座振替による納税が継続される場合
- 外国人が帰任する前に，住民税の全額を納付する場合

Q8 外国人の社会保険における留意事項

外国人の社会保険について，留意すべき点を教えてください。

【概　要】

(1) 厚生年金および健康保険の対象となる報酬は，基本的には，日本の法人（国内の適用事業所に該当するものとします。以下，本問において同様です）が支給する給与に限られます。

(2) 日本の法人から外国人に対して給与支給がない場合には，厚生年金および健康保険に加入することができませんので，その外国人は，国民年金および国民健康保険に加入することになります。

(3) 令和2（2020）年4月1日以降，厚生年金保険加入者（国民年金第2号被保険者）の被扶養配偶者である国民年金第3号被保険者，健康保険の被扶養者になる要件に，新たに国内居住要件（住民票が日本国内にあること）が追加されることになりましたので，外国人の日本国外に居住する家族は，一定の特例に該当する場合を除き，厚生年金保険加入者（国民年金第2号被保険者）の被扶養配偶者である国民年金第3号被保険者，健康保険の被扶養者になることはできないと考えられます。

(4) 外国人が，社会保障協定国から派遣される場合には，日本の社会保険への加入が免除される可能性があります。

(5) 外国人が，国民年金，厚生年金保険に一定期間加入する場合には，帰国後に脱退一時金を請求することが可能です。

【解　説】

1　外国人の社会保険の適用関係

　厚生年金保険法上の被保険者となる「適用事業所に使用される70歳未満の者」について，「使用される者」であるかどうかは，「事実上の使用関係の有

無」によって判断し，法律上の雇用契約の有無は問わないとされています。この「事実上の使用関係の有無」は，主として労務の提供の有無，その対償としての報酬の支払の有無および労務管理の有無を中心に判断するとされています（厚生年金保険法9条）。

　また，健康保険法上の被保険者となる「適用事業所に使用される者」の「使用される」とは，事実上の使用関係があり，かつ労働の対償として報酬を受けているものと整理されています（健康保険法35条）。

　これらのことから，外国人が日本の法人で勤務する場合，実務上，以下の取扱いとされているようです。

[実務上の取扱い]

(1) **日本の法人から外国人に給与が支給される場合**

　日本の法人から外国人に給与が支給される場合，日本の法人と外国人との間には使用関係があるものとして，厚生年金および健康保険に加入し，40歳以上で日本に住所を有する者については，介護保険にも加入します。日本の法人から支給される給与（賞与，現物給与などを含みます）は報酬等に該当し，外国の法人（国内の適用事業所ではない海外の事業所に該当するものとします。以下，本問において同様です）から支給される給与は，報酬等の対象外です。

(2) **日本の法人から外国人に給与が支給されない場合**

　日本の法人から外国人に給与が支給されない場合（外国の法人から外国人に給与の全額が支給される場合），日本の法人と外国人との間には使用関係はないものとして，厚生年金および健康保険に加入することはできません。

【図表1−9】外国人が日本の法人で勤務する場合の社会保険の適用関係

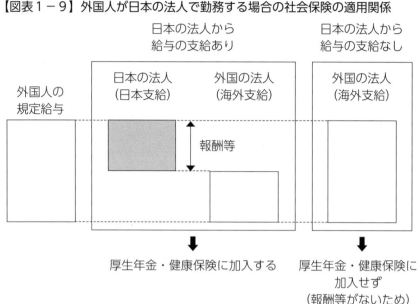

　ところが，近年，上記の取扱いを悪用したと思われる事案が発覚したことから，厚生労働省は，平成29（2017）年8月30日付で厚生労働省年金局事業管理課長から日本年金機構事業推進部門担当理事宛に，「適用事業所の報酬調査の徹底について」（年管管発0830第5号）を発出し，悪用が疑われるケースでは事業所調査を実施することを指示しています。新聞報道によると，その事案は，東京のタクシー会社が香港に設立したダミー会社を利用し，厚生年金保険料を低く抑えたとして，厚生労働省が，そのタクシー会社に対して，香港の会社から支払われた給与分の保険料も納めるように求めたというもののようです。同通知において，その事案の詳細が以下のものであったことが明らかにされています。

- 正規職員である被保険者に対し2つの事業所から報酬の支給が行われており，一方は適用事業所，他方は香港に所在する別法人の事業所（以下「香港別事業所」という）であって，双方の事業所とも同じ者が事業主である。
- 疑義の対象となる被保険者は，適用事業所に採用された後，香港別事業所に転籍し，転籍先となる香港別事業所から適用事業所に出向しているが，日本国内で，適用事業所の業務にのみ従事しており，香港別事業所において業務に従事した実績はない。
- 香港別事業所の事業実態を確認することができない。
- 適用事業所から被保険者に支払われる報酬は，職種や勤続年数にかかわらず一律に15万円程度となっており，勤続年数が増えても報酬に変動がない。

【図表1－10】厚生労働省が問題とした社会保険の適用関係

【事実関係】
①タクシー会社（日本の法人）で，社員を採用する。
②タクシー会社の社員を，香港の事業実態のないダミー会社（外国の法人）に転籍させる。
③香港のダミー会社は，その社員をタクシー会社に出向させる。
④規定給与のうち，15万円をタクシー会社から，残額を香港のダミー会社から支給を受ける。

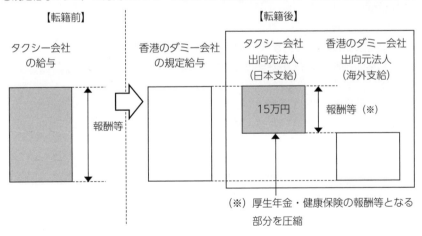

外国人が，外国の法人から日本の法人に派遣される場合，その外国人の給与

は，①日本の法人から支給される給与と，②外国の法人から支給される給与の
2つから構成されるのが通例です。派遣元の外国の法人がダミー会社ではなく
事業実態があり，社会保険料の負担を削減することを意図したものでない場合
は，前記の実務上の取扱いのとおり，日本の法人から支給される給与が報酬等
に該当するものと取り扱うことになると思われます。しかし，年金事務所に
よって判断が異なることもありますので，外国人の社会保険の取扱いについて
は，事前に管轄の年金事務所にご確認いただくのが望ましいと思います。

　なお，本書の社会保険の取扱いは，前記の実務上の取扱いを前提とします。

参考①：海外勤務者の報酬の取扱い

　外国人の社会保険の取扱いは，日本の法人に在籍する従業員で，外国の法人
等に出向等の目的で派遣される者（いわゆる「海外勤務者」）の取扱いが参考
になると思いますので，紹介させていただきます。

　海外勤務者の報酬に係る社会保険は，過去において以下の取扱いとされてい
ました。

[過去の取扱い]

(1)　海外勤務者に対して，国内の出向元会社（日本の法人）と海外の出向先会社
　（外国の法人）の双方から，それぞれ給与が支給される場合
　　海外勤務者が国内勤務を続けていたと仮定した場合に，国内の出向元法人が
　支給する給与をベースに標準報酬を計算する。

(2)　海外勤務者に対して，国内の出向元会社が，海外の出向先会社の給与も含め
　て給与を一括支給する場合（海外の出向先会社から給与の支給が一切ない場
　合）
　　国内の出向元会社が支給する給与をベースに標準報酬を計算する。

(3)　海外勤務者に対して，海外の出向先会社が，国内の出向元会社の給与も含め
　て給与を一括支給する場合（国内の出向元会社から給与の支給が一切ない場
　合）
　　海外勤務者が国内勤務を続けていたと仮定した場合に，国内の出向元法人が
　支給する給与をベースに標準報酬を計算する。

しかし，この取扱いは，平成15（2003）年頃に，以下のものに変更されたといわれています。

[変更後の取扱い（平成15（2003）年頃に変更）]

(1)　**日本の法人から海外勤務者に給与が支給される場合**

　　日本の法人から海外勤務者に給与が支給される場合，海外勤務者は，厚生年金と健康保険の資格は継続し，日本の法人から支給される給与（賞与，現物給与を含みます）を報酬等とする。

(2)　**日本の法人から海外勤務者に給与が支給されない場合**

　　日本の法人から海外勤務者に給与が支給されない場合（外国の法人から海外勤務者に給与の全額が支給される場合），海外勤務者は，日本の法人との使用関係はないため，厚生年金および健康保険の資格を喪失する。

その後，平成26（2014）年3月に日本年金機構から「海外勤務者の報酬の取扱い」が公表され，以下の取扱いが明らかにされました。

---

①　日本国内の厚生年金保険適用事業所での雇用関係が継続したまま海外で勤務する場合，出向元から給与の一部（全部）が支払われているときは，原則，健康保険・厚生年金の加入は継続します。

②　労働の対償として経常的かつ実質的に受けるもので，給与明細等に記載があるものについては，原則，すべて「報酬等」となります。

③　海外の事業所から支給されている給与等であっても，適用事業所（国内企業）の給与規定や出向規定等により，実質的に適用事業所（国内企業）から支払われていることが確認できる場合は，その給与等も「報酬等」に算入することになります。

④　適用事業所（国内企業）の給与規定や出向規定等に海外勤務者に係る定めがなく，海外の事業所における労働の対償として直接給与等が支給されている場合は，適用事業所から支給されているものではないため，「報酬等」には含めません。

上記③の「適用事業所（国内企業）の給与規定や出向規定等により，実質的に適用事業所（国内企業）から支払われていることが確認できる場合」が，具体的にどのようなケースかは明らかではないため，「海外の事業所から支給さ

48

れている給与等」が報酬等に該当するかどうかを見極めるのは非常に難しい状況です。

　「海外勤務者の報酬の取扱い」が公表された当時，年金事務所の担当者からは，以下の回答を得ていますので，前記の変更後の取扱いがそのまま継続されていると考えられます。

- 「海外勤務者の報酬の取扱い」を公表した趣旨は，これまでの内部的な取扱いを公表したもので，従来の取扱い（平成15（2003）年頃に変更された変更後の取扱い）を変更するものではない。
- 上記③の「適用事業所（国内企業）の給与規定や出向規定等により，実質的に適用事業所（国内企業）から支払われていることが確認できる場合」とは，本来，国内の事業所が給与規定に基づいて支払うべきものを，海外の事業所が代わりに支払う場合のように，実質的に国内の事業所が支払うことと同様の状況であるものが該当するが，出向形態や給与の支払方法は様々なので，一概にどのようなものかを回答することはできない。
- 「実質的に適用事業所から支払われている」とは，海外の事業所が海外勤務者に支払う給与を，適用事業所が負担（経費負担）するという意味ではない。
- 海外勤務者の給与が，①適用事業所から支給される給与（いわゆる留守宅手当）と②海外の事業所から支給される給与の２つから構成されている場合において，それらの給与の支給割合を海外勤務者の意思によって自由に変更できるケースであっても，適用事業所から支給される給与のみが報酬に該当する。

　ただし，上記とは異なる見解もありましたので，海外勤務者の社会保険の取扱いについても，事前に管轄の年金事務所に確認するのが望ましいと思います。

【図表1－11】海外駐在員（日本人）の適用関係

海外勤務者に対して，国内の出向元会社（日本の法人）と海外の出向先会社（外国の法人）の双方から，それぞれ給与が支給される場合

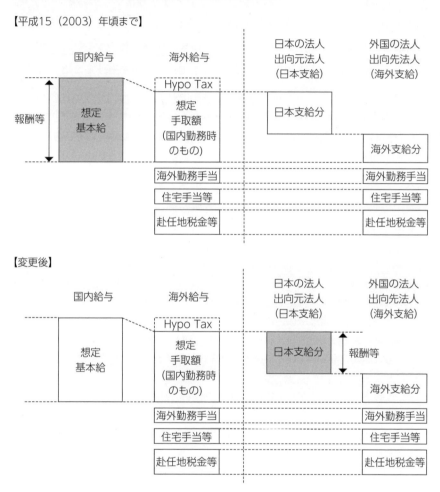

参考②：非常勤役員

　役員については，名目上の地位で，他の法人の役員を兼務し，非常勤として

定まった報酬もないような場合や報酬の額が労務の内容に相応していないような場合には，常用的使用関係があるとは認められず，厚生年金および健康保険の被保険者にはならないとされています（「日本年金機構からのお知らせ」（平成29（2017）年1月号）「社会保険事務手続きQ&A」）。そのため，外国人が非常勤役員に該当する場合は，厚生年金および健康保険に加入することができないため，その非常勤役員となる外国人が日本国内に住所を有することになる場合には，国民年金（20歳以上60歳未満の者の場合）および国民健康保険に加入し，40歳以上の者については，介護保険にも加入することになります。

　なお，日本年金機構疑義照会（No.2010-77）では，法人の役員が，労務の対償として報酬を受けている役員かどうかについては，その業務が実態において法人の経営に対する参画を内容とする経常的な労務の提供であり，かつ，その報酬が当該業務の対価として当該法人より経常的に支払を受けるものであるかを基準として判断するものとされ，判断の材料例として以下のものが示されています。

（判断の材料例）
① 当該法人の事業所に定期的に出勤しているかどうか。
② 当該法人における職以外に多くの職を兼ねていないかどうか。
③ 当該法人の役員会等に出席しているかどうか。
④ 当該法人の役員への連絡調整または職員に対する指揮監督に従事しているかどうか。
⑤ 当該法人において求めに応じて意見を述べる立場にとどまっていないかどうか。
⑥ 当該法人等より支払を受ける報酬が社会通念上労務の内容に相応したものであって実費弁償程度の水準にとどまっていないかどうか。

　なお，上記①〜⑥はあくまで例として示すものであり，それぞれの事案ごとに実態を踏まえて判断することとされています。

2 国民年金

外国人が，以下の要件に該当するときは，第1号被保険者として国民年金の対象になります（国民年金における外国人適用について（通知）平成24（2012）年6月14日）。

- 日本国内に住所を有すること（適法に3カ月を超えて在留し，日本国内に住所を有すること（外国人住民で住民基本台帳に記録されていること））
- 20歳以上60歳未満であること
- 厚生年金に加入していないこと
- 厚生年金に加入している配偶者の扶養でないこと

国民年金は，前年の所得（住民税の計算で使用する所得）が一定額以下の場合には，保険料の免除を申請することが可能です（国民年金法90条）。日本に赴任した外国人は，通常は前年の所得がありませんので，保険料の免除を申請することが可能です。

外国人が自治体に転入届を提出後，厚生年金に加入するまでの期間は，短期間であっても国民年金の対象になりますので，「国民年金被保険者関係届書」を自治体に提出する必要があります。

3 国民健康保険

日本国籍を有しない外国人は，平成24（2012）年7月に施行された住民基本台帳法により，以下の(1)から(4)に該当する者が，外国人住民として新たに住民基本台帳法の適用を受けることになりました（住民基本台帳法30条の45）。

---

(1) **中長期在留者**

中長期在留者は，3カ月を超える在留資格により在留する者をいいます。ただし，以下の者は除きます。

- 短期滞在の在留資格が決定された者
- 外交または公用の在留資格が決定された者

> - これらに準ずる者として法務省令で定めるもの
> (2) 特別永住者（在日韓国・朝鮮人および在日台湾人ならびにその子孫）
> (3) 一時庇護許可者または仮滞在許可者
> (4) 出生による経過滞在者または国籍喪失による経過滞在者

外国人が，上記の外国人住民に該当する場合は，一定の場合を除き国民健康保険に加入する必要があります。

4　介護保険

外国人が，上記3の住民基本台帳法30条の45に規定する外国人住民に該当する場合で40歳以上であるときは，一定の場合を除き介護保険の被保険者になります。

なお，外国人のうち，健康保険の被保険者で40歳以上65歳未満の者が，在留資格が3カ月以下であるため介護保険の適用除外になるときは，「介護保険適用除外届」を，事業主を経由して年金事務所に提出する必要があります。

5　日本国外に居住する家族の扶養認定

国民年金保険法，健康保険法等の一部改正に伴い，令和2（2020）年4月1日以降，厚生年金保険加入者（国民年金第2号被保険者）の被扶養配偶者である国民年金第3号被保険者，健康保険の被扶養者になる要件に，新たに国内居住要件が追加されることになりました（国民年金保険法7条1項3号，健康保険法3条7項）。

改正後の国民年金保険法7条1項3号，健康保険法3条7項に定める「住所」については，住民基本台帳に住民登録されているかどうか（住民票があるかどうか）で判断し，住民票が日本国内にある場合には原則として国内居住要件を満たすものとされています。そのため，被扶養配偶者，被扶養者が一定の期間を海外で生活している場合も，日本に住民票がある限りは，原則として国内居住要件を満たすものとされています。

　日本国内に住民票がない場合も，例えば，以下の者については，日本国内に生活の基盤があると認められるものとして，特例的に被扶養配偶者，被扶養者となることができるとされています。なお，この特例的に被扶養配偶者，被扶養者となる場合には，「健康保険被扶養者（異動）届」に査証，学生証，在学証明書，入学証明書，海外赴任辞令などの書類を添付する必要があります（国民年金保険法施行規則1条の3，健康保険法施行規則37条の2）（令和2（2020）年4月1日から国民年金第3号被保険者に国内居住要件が追加されました（日本年金機構　「【事業主の皆様へ】被扶養者における国内居住要件の追加について」）。

> (1)　外国において留学をする学生
> (2)　外国に赴任する被保険者に同行する者
> (3)　観光，保養またはボランティア活動その他就労以外の目的での一時的な海外渡航者
> (4)　被保険者の海外赴任期間にその被保険者との身分関係が生じた者で，(2)と同等と認められるもの
> (5)　(1)から(4)までに掲げられるもののほか，渡航目的その他の事情を考慮して日本国内に生活の基礎があると認められる者

　したがって，外国人の日本国外に居住する家族は，上記の特例に該当する場合を除き，厚生年金保険加入者（国民年金第2号被保険者）の被扶養配偶者である国民年金第3号被保険者，健康保険の被扶養者になることは難しいと考えられます。

6　社会保障協定国からの派遣

　外国人が，社会保障協定が締結されている国から5年以内の予定で日本に派遣される場合には，派遣元国の社会保障制度のみに加入し，日本の社会保障制度の加入が免除される特例があります。この特例の適用を受けるためには，協定相手国の社会保険当局から適用証明書の交付を受ける必要があります。社会保障協定の内容は国ごとに異なるため，都度，内容を確認する必要があります。

【図表1－12】社会保障協定の内容

相手国	協定発効年月	期間通算	二重加入防止の対象となる社会保険制度 日本	二重加入防止の対象となる社会保険制度 相手国
ドイツ	2000年2月	○	公的年金制度	公的年金制度
英国	2001年2月	-	公的年金制度	公的年金制度
韓国	2005年4月	-	公的年金制度	公的年金制度
アメリカ	2005年10月	○	公的年金制度 公的医療保険制度	公的年金制度（社会保障制度） 公的医療保険制度（メディケア）
ベルギー	2007年1月	○	公的年金制度 公的医療保険制度	公的年金制度 公的医療保険制度 公的労災保険制度 公的雇用保険制度
フランス	2007年6月	○	公的年金制度 公的医療保険制度	公的年金制度 公的医療保険制度 公的労災保険制度
カナダ	2008年3月	○	公的年金制度	公的年金制度 ※ケベック州年金制度を除く
オーストラリア	2009年1月	○	公的年金制度	退職年金保障制度
オランダ	2009年3月	○	公的年金制度 公的医療保険制度	公的年金制度 公的医療保険制度 公的雇用保険制度
チェコ	2009年6月（※）	○	公的年金制度 公的医療保険制度	公的年金制度 公的医療保険制度 公的雇用保険制度
スペイン	2010年12月	○	公的年金制度	公的年金制度
アイルランド	2010年12月	○	公的年金制度	公的年金制度
ブラジル	2012年3月	○	公的年金制度	公的年金制度
スイス	2012年3月	○	公的年金制度 公的医療保険制度	公的年金制度 公的医療保険制度
ハンガリー	2014年1月	○	公的年金制度 公的医療保険制度	公的年金制度 公的医療保険制度 公的雇用保険制度

インド	2016年10月	○	公的年金制度	公的年金制度
ルクセンブルク	2017年8月	○	公的年金制度 公的医療保険制度	公的年金制度 公的医療保険制度 公的労災保険制度 公的雇用保険制度 公的介護保険 公的家族給付
フィリピン	2018年8月	○	公的年金制度	公的年金制度
スロバキア	2019年7月	○	公的年金制度	公的年金制度 公的医療保険制度（現金給付） 公的労災保険制度 公的雇用保険制度
中国	2019年9月	-	公的年金制度	公的年金制度（被用者基本老齢保険）
イタリア	発効準備中	-	公的年金制度 公的雇用保険制度	公的年金制度 公的雇用保険制度
スウェーデン	発効準備中	○	公的年金制度	公的年金制度
フィンランド	発効準備中	○	公的年金制度 公的雇用保険制度	公的年金制度 公的雇用保険制度

（出所）日本年金機構（2020年3月25日現在）

7　脱退一時金

　外国人が，国民年金，厚生年金保険に一定期間加入する場合には，帰国後に脱退一時金を請求することが可能です。詳細については，第5章**Q4**，**Q5**，**Q6**をご参照ください。

Q9　外国人の労働保険における留意事項

外国人の労働保険について，留意すべき点を教えてください。

【概　要】..

(1) 外国の法人から日本の法人に派遣される外国人は，一般的には，雇用保険は適用されません。

(2) 外国の法人から日本の法人に派遣される外国人は，労災保険の対象になります。

(3) 外国人が，社会保障協定国から派遣される場合でも，令和2（2020）年3月25日時点で日本において労働保険への加入免除になる社会保障協定は存在しません。

【解　説】

1　雇用保険

雇用される労働者は，常用，パート，アルバイト，派遣等，名称や雇用形態にかかわらず，1週間の所定労働時間が20時間以上であり，かつ，31日以上の雇用見込みがある場合には，原則として雇用保険の被保険者になります。

日本国において合法的に就労する外国人は，在留資格のいかんを問わず上記要件を満たす場合には被保険者になりますが，以下の者については，被保険者にならないとされています（外国において雇用関係が成立した後，日本国内にある事業所に赴き勤務している者については，雇用関係が終了した場合，または雇用関係が終了する直前において帰国するのが通常であって，受給資格を得ても失業給付は受け得ないためとされています）。

［被保険者にならない者］

(1) 外国公務員および外国の失業補償制度の適用を受けていることが立証された者

(2) 外国において雇用関係が成立した後，日本国内にある事業所に赴き勤務している者

　したがって，外国の法人から日本の法人に派遣される外国人は，一般的には，雇用保険は適用されないと考えられます。

　外国人が日本の法人の役員の場合，基本的に雇用保険の対象外です。

　使用人兼務役員の場合には，使用人としての賃金部分は，雇用保険の対象ですが，外国人が上記(1)または(2)に該当する場合は，雇用保険は適用されないと考えられます。

2　労災保険

　常用，日雇，パート，アルバイト，派遣等，名称や雇用形態にかかわらず，労働の対償として賃金を受けるすべての者が，労災保険の対象になります。

　なお，外国人に対して，出向先法人の日本の法人と，出向元法人である外国の法人の双方から給与の支給がある場合において，外国人が日本の法人の事業組織に組み入れられ，日本の法人の指揮監督を受けて労働に従事するときは，出向元法人の外国の法人で支払われている賃金も含めて労災保険料を計算します。指揮監督（指揮命令）権の有無は，使用従属関係，就業規則の適用，賃金の支払などを考慮して判断されます。

　外国人が日本の法人の役員の場合，基本的に労災保険の対象外です。

　使用人兼務役員の場合には，使用人としての賃金部分は，労災保険の対象です。

【図表1-13】外国人が日本の法人で勤務する場合の労災保険の適用関係

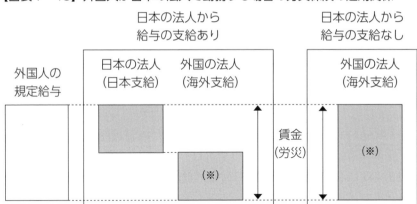

（※）外国人が日本の法人の事業組織に組み入れられ，日本の法人の指揮監督を受けて労働に従事するとき

3　社会保障協定国からの派遣

　令和2（2020）年3月25日時点で発効されている社会保障協定で，日本において労働保険が加入免除になるものは存在しません。ただし，令和2（2020）年3月25日時点で発効準備中となっているイタリアおよびフィンランドとの間の社会保障協定は，派遣期間が5年以内の企業駐在員等は，原則として，派遣元国の雇用保険制度にのみ加入する取扱いとなっています。

　日本の法人に派遣された外国人（出張者および外国人技能実習制度に基づく研修生を除きます）の社会保険および労働保険の適用関係をまとめると，【図表1-14】のとおりです。

【図表1－14】日本の法人に派遣された外国人の社会保険および労働保険

給与	健　保	厚生年金	労　災	雇　用
日本の法人（※4）支給分	対象	対象	対象（※1）	対象（※2）
外国の法人（※5）支給分	対象外	対象外	対象（※1），（※3）	対象外

（※1）役員は，通常，労災保険の対象外です。

（※2）役員および外国人出向者は，通常，雇用保険の対象外です。

（※3）外国人が日本の法人の事業組織に組み入れられ，出向先法人である日本の法人の指揮監督を受けて労働に従事する場合に対象になります。

（※4）日本の法人（国内の適用事業所に該当するものとします）

（※5）外国の法人（国内の適用事業所ではない海外の事業所に該当するものとします）

Q10　社会保険と労働保険の対象の違い

　外国人に対する給与や諸手当のうち，社会保険の対象となるものと労働保険の対象となるものとの違いを教えてください。

【概　要】

(1) 社会保険の対象は，「労働の対償」としての性質を有するものであり，「臨時に受けるもの」および「実費弁償的なもの」は除外されています。日本の法人（国内の適用事業所に該当するものとします。以下，本問において同様です）から外国人に支給される給与や諸手当は，基本的に，社会保険の対象になります。

(2) 日本の法人から外国人に現物支給されるものについては，厚生労働大臣が定める価額により評価されます。

(3) 社会保険の対象になるものは，実務上，「報酬」，「賞与に係る報酬」または「賞与」のいずれかに区分されます。

(4) 労働保険の対象は，「労働の対償」として支払われるものであり，「実費弁償的なもの」，「任意恩恵的なもの」および「福利厚生的なもの」は除外されます。

【解　説】

1　社会保険の対象となるもの

(1)　労働の対償としての性質を有するもの

　社会保険の対象となるものは「労働の対償」としての性質を有するもので，「臨時に受けるもの」は対象外とされています。

　「労働の対償」とは，被保険者が事業所で労務に服し，その対価として事業主より受ける報酬や利益などをいい，過去の労働と将来の労働とを含めた労働の対価であり，事業所に在籍することにより事業主（事業所）より受ける実質

的収入とされています（昭和32（1957）年2月21日保文発第1515号）。一方，「臨時に受けるもの」とは，「被保険者が常態として受ける報酬以外のもので狭義に解するものとすること」とされ（昭和23（1948）年7月12日保発第1号通知），「臨時的かどうかの判断は，支給事由の発生，原因が不確定なものであり，極めて狭義に解するものとすることとされていますので，例年支給されていないか，支払われる時期が決まっていないかで判断」するとされています（日本年金機構「疑義照会回答（厚生年金保険　適用）被保険者資格取得届　整理番号8」「報酬の範囲について」）。また，「臨時に受けるもの」の解釈については，就業規則，労働契約，アサイメントレターなどで支給されることが定められているものについては，契約時に支払われることが確実とはいえない状況であったとしても「臨時に受けるもの」には該当しないとされています。

　したがって，日本の法人から外国人に支給される給与や諸手当は，基本的に社会保険の対象になります。

　ただし，実費弁償的な出張旅費などは，労働の対償には該当しないため，社会保険の対象外となります。

　なお，日本の法人から外国人に現物支給されるものがある場合は，その現物を通貨に換算したものが報酬等に該当します。現物で支給されるものが，食事や住宅である場合は，「厚生労働大臣が定める現物給与の価額」（厚生労働省告示）に定められた額に基づいて通貨に換算し，自社製品等その他のもので支給される場合は，原則として時価で換算します。

(2)　報酬と賞与の区分

　外国人に対する給与や諸手当が社会保険の対象になる場合，それらが「報酬」，「賞与に係る報酬」または「賞与」のいずれに該当するかを判断する必要があります。

　法令上，「報酬」とは，「賃金，給料，俸給，手当，賞与その他いかなる名称であるかを問わず，労働者が，労働の対償として受けるすべてのものをいう。ただし臨時に受けるもの及び3月を超える期間ごとに受けるものはこの限りで

ない」(厚生年金保険法3条1項3号および健康保険法3条5項) と規定され,「賞与」とは,「賃金, 給料, 俸給, 手当, 賞与その他いかなる名称であるかを問わず, 労働者が労働の対償として受けるすべてのもののうち, 3月を超える期間ごとに受けるものをいう」(厚生年金保険法3条1項4号および健康保険法3条6項) と規定されていることから, この「報酬」と「賞与」の性質を利用して社会保険を削減する方法が横行しました。そのため, 厚生労働省は, 以下のとおり,「通常の報酬」,「賞与に係る報酬」および「賞与」の区分を明確化することになりました (平成27 (2015) 年9月18日および平成30 (2018) 年7月30日「「健康保険法及び厚生年金保険法における賞与に係る報酬の取扱いについて」の一部改正について」(「保保発0918第1号 年管管発0918第5号」および「保保発0730第1号 年管管発0730第1号」)。

---

① **通常の報酬**

　　毎年7月1日現在における賃金, 給料, 俸給, 手当または賞与およびこれに準ずべきもので毎月支給されるもの

② **賞与に係る報酬**

　　通常の報酬以外のもので, (ⅰ) 給与規定, 賃金協約等の諸規定によって年間を通じ4回以上の支給されることが客観的に定められているもの, または, (ⅱ) 賞与の支給が7月1日前の1年間を通じ4回以上行われているもの (毎月支給されるもの以外のもので, 年間を通じ4回以上支給されることが定められているものや, 7月1日前の1年間に4回以上支給されたもの)

③ **賞　与**

　　「通常の報酬」および「賞与に係る報酬」以外のもの (毎月支給されるもの以外のもので, 年間を通じ支給回数が3回以下のもの)

2　労働保険の対象となるもの

　労働保険の対象となる賃金は, 法令上,「賃金, 給料, 手当, 賞与その他名称のいかんを問わず, 労働の対償として使用者が労働者に支払うものをいう」と規定されています (雇用保険法4条4項, 労働保険料徴収法2条2項)。労働協

約，就業規則，労働契約等によってあらかじめ支給条件が明確にされたものは，使用者に支払義務があり，労働者の権利として保証されたものであるため，「労働の対償」として賃金に該当し，労働保険の対象になります。

しかし，①実費弁償的なもの，②任意恩恵的なもの，③福利厚生的なものは「労働の対償」から除外されることから，賃金には該当せず，労働保険の対象になりません。

3　外国人に対する諸手当の取扱い

外国人に対する諸手当の社会保険，労働保険の取扱いは，【図表1－15】のとおりです。ただし，見解が異なることもありますので，事前に管轄の年金事務所およびハローワークで取扱いをご確認ください。

【図表1－15】諸手当（日本の法人から支給されるもの）の社会保険，労働保険の取扱い

項目	社会保険	労働保険
本人の語学研修費	対象外	対象外
家族の語学研修費	対象（注1）	対象外
赴任手当，帰任手当	対象	対象
転任旅費	対象外	対象外
税金や社会労働保険料の使用者負担分	対象（注1）	対象
子女教育手当	対象	対象
スカラーシッププラン	対象外	対象外
住宅の供与	対象（都道府県が公示する「標準価額」に相当する額）	対象外（注2）
水道光熱費，駐車場料金，家具リース料の負担	対象（注1）	対象外
ストック・オプションによる経済的利益	対象外（利益の確定が労働者の判断によるため）	対象外（利益の確定が労働者の判断によるため）

ホームリーブ費用	対象（注1）	対象外
申告書作成費用	対象外	対象外

(注1) 現物給与は，社会保険では，「食事で支払われる報酬等」や「住宅で支払われる報酬等」に該当せず，「その他の報酬等」に該当します。「その他の報酬等」は時価換算することから，会社負担額が報酬等に該当します。

(注2) 住宅の供与に関する労働保険の取扱いは【図表1－16】のとおりです（詳細は第3章**Q7**をご参照ください）。

【図表1－16】労働保険の社宅の取扱い

均衡給与	労働者からの徴収金額	労働保険
支給なし	徴収の有無は無関係	対象外
支給あり	徴収なし	対象 賃金＝均衡給与相当額
	実家賃相当額の1/3以下	対象 賃金＝「実家賃相当額」×1/3－徴収金額
	実家賃相当額の1/3超	対象外

Q11　外国人が日本の法人の役員の場合の取扱い

外国人が日本の法人の役員の場合の税務・社会保険・労働保険の取扱いを教えてください。

【概　要】

(1) 税務では，日本の法人の役員である外国人が，永住者，非永住者，非居住者（日本に恒久的施設を有しない非居住者であるものとします。以下，本問において同様です）のいずれのステータスであるかによって，その取扱いが異なります。

(2) 社会保険では，外国人が，日本の法人（国内の適用事業所に該当するものとします。以下，本問において同様です）から役員報酬が支給されるかどうかによって，その取扱いが異なります。

(3) 外国人が日本の法人の非常勤役員に該当する場合には，その外国人は厚生年金および健康保険に加入することができない可能性もあります。

(4) 外国人が社会保障協定国から派遣される場合，日本の社会保険への加入が免除される可能性があります。

(5) 外国人は，国民年金，厚生年金保険に一定期間加入する場合には，帰国後に脱退一時金を請求することが可能です。

(6) 労働保険では，外国人が日本の法人の役員の場合，その外国人は，基本的には労働保険の対象外です。

【解　説】

1　税　務

日本の法人の役員の役員報酬は，その役員が日本国外で勤務した場合でも，原則として国内源泉所得に該当します（所得税法95条4項10号イ，161条12号イ）。

外国人が日本の法人の役員である場合の取扱いは，所得税法上のステータス

（永住者，非永住者，非居住者）別に，以下のとおりです。

(1)　永住者の場合
①　課税範囲
　永住者の課税範囲は全世界所得のため，日本の法人の役員報酬はすべて日本で課税されます。

②　外国税額控除の適用
　日本の法人の役員が国外勤務する場合でも，その役員報酬は国外源泉所得には該当しませんので，国外所得はゼロとなり，外国税額控除は適用されません（所得税法95条）。

　ただし，租税条約，租税協定の規定により，日本の法人の役員報酬が国外勤務地国・地域で課税される場合には，その国外勤務地国・地域で課税される役員報酬は国外源泉所得に該当し，外国税額控除が適用されます（所得税法95条，所得税法施行令225条の13）。

　私見となりますが，日本が締結するほとんどの租税条約，租税協定に役員報酬条項がありますが，役員報酬条項は，法人居住地の役員の報酬に対して課税を認めるものであるため，役員であっても，相手国・地域がその役員の法人居住地ではない場合には，相手国・地域は役員報酬条項を適用することはできず，給与所得条項を適用することになると考えます。すなわち，役員報酬のうち相手国・地域で勤務した期間に係るものは，給与所得条項に基づき相手国・地域に課税権が認められることになると考えられます。

　したがって，日本の法人の役員が相手国・地域で勤務した場合において，租税条約，租税協定により，相手国・地域で役員報酬について給与所得条項に基づく課税権が認められるときは，その役員報酬は国外源泉所得に該当し，外国税額控除が適用されることになります（財務省「平成23年度 税制改正の解説」（500頁）では，「租税条約により条約相手国等に課税を認めた所得について外国税額控除が適用されないことは，国際的な二重課税を適切に排除するとの租

税条約の趣旨に照らしても適当ではないことから、このような所得については「国外源泉所得」に該当するものとして外国税額控除の対象とする」とされております）。

③ 確定申告

外国の法人（日本の法人とは別法人とし、本店・支店関係はないものとします。以下、本問において同様です）から役員報酬の支払がある場合には、その役員報酬について源泉徴収が行われませんので、確定申告が必要です（所得税法120条、121条、所得税基本通達121 - 5）。

(2) 非永住者の場合

① 課税範囲

非永住者の課税範囲は以下のものです。

- 国外源泉所得以外の所得
- 国外源泉所得で国内において支払われたもの
- 国外源泉所得で国外から送金されたもの

日本の法人の役員が国外勤務する場合でも、役員報酬は国外源泉所得には該当しませんので（所得税法95条4項10号イ）、すべて日本で課税されます。

② 外国税額控除の適用

日本の法人の役員が国外勤務する場合でも、その役員の役員報酬は国外源泉所得には該当しませんので、国外所得はゼロとなり、外国税額控除は適用されません（所得税法95条）。

租税条約、租税協定の規定により、日本の法人の役員報酬が国外勤務地国・地域で課税される場合には、その役員報酬は国外源泉所得に該当し、日本国内で支払われるものがなく、国外から日本国内への送金もないときは、国外源泉所得となる役員報酬は日本で課税対象外になることから、その国外源泉所得と

なる役員報酬が国外で課税される場合でも，二重課税は生じていないため外国税額控除の適用はありません（所得税基本通達95-29）。ただし，その国外源泉所得となる役員報酬のうち，日本国内において支払われるものがある場合や国外から日本国内への送金がある場合には，その役員報酬は日本で課税対象になりますので，その役員報酬が，国外でも課税される場合には，外国税額控除が適用されます（所得税法95条）。

③ 確定申告

外国の法人から役員報酬の支払がある場合には，その役員報酬について源泉徴収が行われませんので，確定申告が必要です（所得税法120条，121条，所得税基本通達121-5）。

(3) 非居住者の場合
① 課税範囲

非居住者の課税範囲は国内源泉所得です。

日本の法人の役員の役員報酬は国内源泉所得に該当するため，原則として日本で課税されます（ただし，内国法人の使用人として常時勤務する場合には，国内源泉所得に該当しない例外的な取扱いがあります（所得税法161条12号イ，所得税法施行令285条，所得税基本通達161-42，161-43））。

② 租税条約，租税協定

日本が締結するほとんどの租税条約，租税協定に役員報酬条項があり，役員報酬は法人居住地国・地域での課税が認められていますので，その取扱いは，上記①のとおりです。

ただし，日米租税条約については，日米租税条約を改正する議定書（改正議定書）が平成31（2019）年8月30日に発効したことにより，第15条（役員報酬）の対象となる役員の範囲が以下のとおり変更されることになりましたので注意が必要です。なお，この改正は，源泉税については発効日の3カ月後の日

の属する月の初日平成31（2019）年11月1日以降に支払われるものについて適用され，その他のものについては，令和2（2020）年1月1日以後に開始する課税年度から適用されます。

ア 日米租税条約の改正点

日米租税条約第15条の対象が，「役員」から「取締役会の構成員」に変更され，第15条の対象となる報酬が，法人の取締役会の構成員としての役務に対する報酬に限られることを明確にするため，新交換公文3で，以下のことが確認されています。

- 一方の締約国の居住者が法人の取締役会の構成員として役務を提供しない場合には，その居住者の役職または地位にかかわらず，第15条の規定は，その居住者が取得する報酬については適用しないこと
- 法人の取締役会の構成員が，その法人における他の職務（例えば，通常の被用者，相談役またはコンサルタントとしての職務）を兼ねる場合には，他の職務のために支払われる報酬について第15条は適用しないこと

改正前	改正後
第15条（役員報酬） 一方の締約国の居住者が他方の締約国の居住者である法人の<u>役員の資格で取得する役員報酬</u>その他これに類する支払金に対しては，当該他方の締約国において租税を課することができる。	第15条（役員報酬） 一方の締約国の居住者が他方の締約国の居住者である法人の<u>取締役会の構成員の資格で取得する報酬</u>その他これに類する支払金に対しては，当該他方の締約国において租税を課することができる。

イ 日米租税条約改正の背景

日米租税条約改正の背景は，「両締約国の税法や会社法制を比較すると，両締約国において「役員」とされる者の範囲に相違があることから，条約第15条の対象となる者の範囲を両締約国においてできるだけ限り整合的なものとするため」とされています（財務省「平成25年度 税制改正の解説」758頁）。日米租税条約には，第15条の「役員」の定義はありませんので，改正前の日米租税

条約上の役員は，日本では法人税法上の役員として，以下のものが該当していました（日米租税条約3条2項，法人税法2条15号，法人税法施行令7条）。

- 法人の取締役，執行役，会計参与，監査役，理事，監事，清算人
- 法人の経営に従事している者のうち，次のいずれにも該当する者（みなし役員）

  ―法人の使用人（職制上使用人としての地位のみを有する者に限られます）以外の者で，その法人の経営に従事しているもの

  ―同族会社の使用人（職制上使用人としての地位のみを有する者に限られます）のうち，その会社が同族会社であることについての判定の基礎となった株主グループに属している特定の者でその会社の経営に従事しているもの

　一方で，英語の正文である日米租税条約の第15条では，役員は "as a member of the board of directors of accompany" と規定されていますので，米国では取締役会の構成員として取り扱われていました。

　そのため，米国の居住者で，日本の法人で執行役である者の報酬（執行役の報酬は日本の法人から支給される者とします）は，以下のとおり，日本と米国の双方で課税されることになり，二重課税を排除できない状況が生じていました。

（ア）日本側の課税

　日本の法人の執行役の報酬は国内源泉所得に該当し，日米租税条約第15条の役員にも該当しますので，日本で課税されます（役員報酬額に対して20.42％の税率で課税されます）。

（イ）米国側の課税

　米国では，日本で課税された税金は，外国税額控除を適用して二重課税を排除することになります。

　しかし，日本の法人の執行役は，取締役会の構成員ではありませんので，日米租税条約第15条の役員には該当せず，その執行役について日本で課税された所得は，日米租税条約23条2項による源泉地の置き換えの対象になりません。米国の外国税額控除の適用にあたっては，その執行役が日本において役務提供した期間分のみが日本源泉の所得となりますので，その執行役が日本に滞

在する期間が短い場合には，米国では，その執行役に対して日本で課された税
金は，外国税額控除により控除することができません。

ウ　日米租税条約改正後の取扱い

　日米租税条約改正により，日本側で，日本の非居住者である役員の報酬の適
用関係が，【図表１－17】のとおり変更になりました。

【図表１－17】日本の非居住者である役員の報酬の適用関係

	改正前	改正後
日本の法人の取締役会の構成員である役員の報酬	第15条 役員報酬	第15条 役員報酬
日本の法人の取締役会の構成員でない役員（執行役，経営に従事する執行役員（みなし役員）等）の報酬	第15条 役員報酬	第14条 給与所得

　【図表１－17】のとおり，取締役会の構成員ではない日本の法人の執行役，
みなし役員の報酬は，日米租税条約15条ではなく14条が適用されるため，以下
の方法で計算した金額が日本で課税されると考えられます。

$$給与の総額 \times \frac{国内において行った勤務期間}{給与の総額の計算の基礎となった期間}$$

③　外国税額控除の適用

　外国税額控除は，非居住者には適用されません（所得税法95条）。

④　確定申告

　役員報酬が日本の法人から支払われる場合は，その支払時に20.42％の税率
で源泉徴収され課税関係が完了しますので確定申告は不要です（所得税法169条，
170条）。

　役員報酬が外国の法人から支払われる場合は，役員報酬について源泉徴収されませんので，確定申告（所得税法172条による準確定申告）が必要です（所得税法172条）。

⑤　住民税

　所得税法上の非居住者であっても，賦課期日（翌年 1 月 1 日）に住民基本台帳に記録されている場合は，住民税の納税義務者となります。ただし，外国人が，住民税が対象税目となる租税条約，租税協定を締結する相手国・地域から来日する場合において，その外国人が，租税条約，租税協定の規定により相手国・地域の居住者になるときは，賦課期日に住民基本台帳に記録があっても，日本では非居住者と取り扱われるため，住民税は課されません。

　住民税の所得の計算方法は，特別の定めがある場合を除き，基本的に所得税のものと同じです（地方税法32条 1 項・ 2 項，313条 1 項・ 2 項）が，賦課期日の前年の非居住者期間中に生じた国内源泉所得がある場合は，その所得も住民税の課税対象になります（詳細は，**Q7**をご参照ください）。

2　社会保険

⑴　日本の法人から外国人に役員報酬が支給される場合

　日本の法人から外国人に役員報酬が支給される場合，日本の法人と外国人との間には使用関係があるものとして，厚生年金と健康保険に加入し，40歳以上で日本に住所を有する者については，介護保険にも加入します。日本の法人から支給される役員報酬が報酬等に該当し，外国の法人（国内の適用事業所ではない海外の事業所に該当するものとします。以下，本問において同様です）から支給される役員報酬は，社会保険の対象外です。

⑵　日本の法人から役員報酬が支給されない場合

　日本の法人から外国人に役員報酬が支給されない場合（外国の法人から外国人に役員報酬の全額が支給される場合），日本の法人と外国人との間には使用

関係はないものとして，厚生年金および健康保険に加入することはできません。そのため，その外国人は，日本国内に住所を有することになる場合には，国民年金（20歳以上60歳未満の者の場合）および国民健康保険に加入し，40歳以上の者については，介護保険にも加入することになります。

⑶　非常勤役員

　役員については，名目上の地位で他の法人の役員を兼務し，非常勤として定まった報酬もないような場合や報酬の額が労務の内容に相応していないような場合には，常用的使用関係があるとは認められず，厚生年金および健康保険の被保険者にはならないとされています（「日本年金機構からのお知らせ（平成29年1月号）」「社会保険事務手続きQ&A」）。そのため，外国人が非常勤役員に該当する場合は，厚生年金および健康保険に加入することができないため，その非常勤役員となる外国人が日本国内に住所を有することになる場合には，国民年金（20歳以上60歳未満の者の場合）および国民健康保険に加入し，40歳以上の者については，介護保険にも加入することになります。

　詳細は，**Q8参考**②をご参照ください。

⑷　社会保障協定国からの派遣

　外国人が，社会保障協定が締結されている国から5年以内で派遣される場合において，派遣元国の社会保障制度のみに加入し，日本の社会保障制度への加入免除の特例を受けるときは，協定相手国の社会保険当局から適用証明書の交付を受ける必要があります。

⑸　脱退一時金

　外国人が，国民年金，厚生年金保険に一定期間加入する場合には，帰国後に脱退一時金を請求することが可能です。詳細については，第5章**Q4**，**Q5**，**Q6**をご参照ください。

3 労働保険

外国人が日本の法人の役員の場合，基本的に労働保険の対象外です。ただし，使用人兼務役員の場合には，使用人としての賃金部分は，労働保険の対象です。

なお，外国人が以下の者に該当する場合は，雇用保険の被保険者にならないとされていますので，使用人としての賃金部分は，雇用保険の対象外です。

---

① 外国公務員および外国の失業補償制度の適用を受けていることが立証された者

② 外国において雇用関係が成立した後，日本国内にある事業所に赴き勤務している者

Q12 外国人が日本の法人の従業員の場合の取扱い

外国人が日本の法人の従業員の場合の税務・社会保険・労働保険の取扱いを教えてください。

【概 要】...

(1) 税務では，日本の法人の従業員である外国人が，永住者，非永住者，非居住者（日本に恒久的施設を有しない非居住者であるものとします。以下，本問において同様です）のいずれのステータスであるかによって，その取扱いが異なります。

(2) 社会保険では，外国人が，日本の法人（国内の適用事業所に該当するものとします。以下，本問において同様です）から給与が支給されるかどうかによって，その取扱いが異なります。

(3) 外国人が，社会保障協定国から派遣される場合，日本の社会保険への加入が免除される可能性があります。

(4) 外国人は，国民年金，厚生年金保険に一定期間加入する場合には，帰国後に脱退一時金を請求することが可能です。

(5) 外国人が，外国の法人から日本の法人へ派遣された従業員である場合，一般的には，雇用保険の対象外です。

(6) 外国の法人から日本の法人に派遣される外国人は，労災保険の対象になります。

(7) 外国人が，社会保障協定国から派遣される場合でも，令和2（2020）年3月25日時点で日本において労働保険への加入免除になる社会保障協定は存在しません。

【解　説】

1　税　務

　日本の法人の従業員の給与は，その従業員が国外で勤務した場合は，国外勤務分は国外源泉所得に該当します（所得税法95条4項10号イ，161条12号イ）。

　外国人が日本の法人の従業員の場合の取扱いは，所得税法上のステータス（永住者，非永住者，非居住者）別に，以下のとおりです。

(1)　永住者の場合

①　課税範囲

　永住者の課税範囲は全世界所得のため，日本の法人の従業員の給与は，すべて日本で課税されます。

②　外国税額控除の適用

　日本の法人の従業員が国外勤務する場合，その従業員の国外勤務分の給与は国外源泉所得に該当しますので，国外で税金を課される場合には外国税額控除が適用されます（所得税法95条）。

　外国税額控除を適用する場合の国外源泉所得は，以下の方法で計算します（所得税基本通達95-26）。

$$\text{給与所得の金額} \times \frac{\text{給与等の総額のうちその源泉が国外にあるものの金額}}{\text{給与等の総額}}$$

　実務上，給与に係る「国外源泉所得」を計算する場合，以下の方法によります。

ア　原　則

〈国外源泉所得の計算方法〉

• 日本の法人から支給される給与＋外国の法人（日本の法人とは別法人とし，本店・支店関係はないものとします。以下，本問において同様です）から支給される給与＝給与収入

給与収入－給与所得控除額＝給与所得の金額

$$給与所得の金額 \times \frac{国外勤務日数}{給与の総額の計算の基礎となった期間}$$

イ　ホームリーブがある場合（参考：最決平10・6・26）

〈国外源泉所得の計算方法〉

• 日本の法人から支給される給与＋外国の法人から支給される給与＝給与収入

給与収入－給与所得控除額＝給与所得の金額

$$給与所得の金額 \times \frac{国外勤務日数}{給与の総額の計算の基礎となった期間－ホームリーブの日数}$$

③　**確定申告**

外国の法人から給与の支払がある場合には，その給与について源泉徴収が行われませんので，確定申告が必要です（所得税法120条，121条，所得税基本通達121－5）。

(2)　**非永住者の場合**

①　**課税範囲**

非永住者の課税範囲は以下のものです。

• 国外源泉所得以外の所得
• 国外源泉所得で国内において支払われたもの
• 国外源泉所得で国外から送金されたもの

　日本の法人の従業員が国外勤務する場合，その従業員の国外勤務分の給与は国外源泉所得に該当しますので（所得税法95条4項10号イ），日本国内で支払われるものがなく，国外から日本国内への送金もないときは，その従業員の国外勤務分の給与は，日本で課税対象外です。

　実務上，「国外源泉所得」，「国外源泉所得以外の所得」を計算する場合，以下の方法によります。

ア　原　則

〈国外源泉所得の計算方法〉

- 日本の法人から支給される給与＋外国の法人から支給される給与＝給与収入
  給与収入－給与所得控除額＝給与所得の金額

$$給与所得の金額 \times \frac{国外勤務日数}{給与の総額の計算の基礎となった期間}$$

〈国外源泉所得以外の所得の計算方法〉

- 日本の法人から支給される給与＋外国の法人から支給される給与＝給与収入
  給与収入－給与所得控除額＝給与所得の金額

$$給与所得の金額 \times \frac{給与の総額の計算の基礎となった期間－国外勤務日数}{給与の総額の計算の基礎となった期間}$$

イ　ホームリーブがある場合（参考：最決平10・6・26）

〈国外源泉所得の計算方法〉

- 日本の法人から支給される給与＋外国の法人から支給される給与＝給与収入
  給与収入－給与所得控除額＝給与所得の金額

$$給与所得の金額 \times \frac{国外勤務日数}{給与の総額の計算の基礎となった期間－ホームリーブの日数}$$

〈国内源泉所得以外の所得の計算方法〉

- 日本の法人から支給される給与＋外国の法人から支給される給与＝給与収入
  給与収入－給与所得控除額＝給与所得の金額

$$給与所得の金額 \times \frac{給与の総額の計算の基礎となった期間－ホームリーブの日数－国外勤務日数}{給与の総額の計算の基礎となった期間－ホームリーブの日数}$$

②　外国税額控除の適用

　日本の法人の従業員が国外勤務する場合，その従業員の国外勤務分の給与は国外源泉所得に該当しますので（所得税法95条），その給与について日本国内で支払われるものがなく，国外から日本国内への送金もないときは，その従業員の国外勤務分の給与は，日本で課税対象外になり，その従業員が国外源泉所得について国外で課税される場合でも，二重課税は生じていないことから外国税額控除の適用はありません（所得税基本通達95-29）。ただし，国外源泉所得となる給与のうち日本国内において支払われるものがある場合や国外から日本国内への送金がある場合には，その給与は日本で課税対象になりますので，その給与が，国外でも課税されるときは，外国税額控除が適用されます（所得税法95条）。

③　確定申告

　外国の法人から給与の支払がある場合には，その給与について源泉徴収が行われませんので，確定申告が必要です（所得税法120条，121条，所得税基本通達121-5）。

(3)　非居住者の場合
①　課税範囲

　非居住者の課税範囲は国内源泉所得です。

　日本の法人の従業員の給与のうち，その従業員の日本勤務分が国内源泉所得に該当します（所得税法161条12号イ）。国内源泉所得は，以下の方法で計算します（所得税基本通達161-41）。

$$給与の総額 \times \frac{国内において行った勤務期間}{給与の総額の計算の基礎となった期間}$$

② 租税条約，租税協定

　日本が締結する租税条約，租税協定の給与所得条項には，短期滞在者免税の規定がありますので，一般的な租税条約，租税協定では，以下の要件をすべて満たす場合には，非居住地国・地域である日本勤務分の給与の課税が免除されます。

> ・継続する12カ月で非居住地国・地域内の滞在日数が183日以内（条約によって12カ月の取り方や滞在日数は異なります）
> ・報酬（給与）が非居住地国・地域の企業から支払われないこと
> ・報酬（給与）が非居住地国・地域の恒久的施設によって負担されていないこと

　従業員の国内勤務分の給与のうち，日本の法人から支給されるものは，上記の要件を満たさないため短期滞在者免税の適用はありませんが，外国の法人から支給されるものについて，上記の要件をすべて満たす場合には，日本で課税が免除されます。

③ 外国税額控除の適用

　外国税額控除は，非居住者には適用されません（所得税法95条）。

④ 確定申告

　従業員の国内勤務分の給与が日本の法人から支払われる場合は，その支払時に20.42％の税率で源泉徴収され課税関係が完了しますので，確定申告は不要です（所得税法169条，170条）。

　従業員の給与が，外国の法人から支払われる場合は，従業員の国内勤務分の給与について源泉徴収されませんので，従業員の国内勤務分の給与がある場合には確定申告（所得税法172条による準確定申告）が必要です（所得税法172条）。

⑤ 住民税

　所得税法上の非居住者であっても，賦課期日（翌年1月1日）に住民基本台

帳に記録されている場合は，住民税の納税義務者となります。ただし，外国人が，住民税が対象税目となる租税条約，租税協定を締結する相手国から来日する場合において，その外国人が，租税条約，租税協定により相手国の居住者になるときは，賦課期日に住民基本台帳に記録があっても，日本では非居住者と取り扱われるため，住民税は課されません。

　住民税の所得の計算方法は，特別の定めがある場合を除き，基本的に所得税のものと同じです（地方税法32条1項・2項，313条1項・2項）が，賦課期日の前年の非居住者期間中に生じた国内源泉所得がある場合は，その所得も住民税の課税対象になります（詳細は，**Q7**をご参照ください）。

2　社会保険

(1)　日本の法人から外国人に給与が支給される場合

　日本の法人から外国人に給与が支給される場合，厚生年金と健康保険に加入し，40歳以上で日本に住所を有する者については，介護保険にも加入します。日本の法人から支給される給与が報酬等に該当し，外国の法人（国内の適用事業所ではない海外の事業所に該当するものとします。以下，本問において同様です）から支給される給与は，社会保険の対象外です。

(2)　日本の法人から給与が支給されない場合

　日本の法人から外国人に給与が支給されない場合（外国の法人から外国人に給与の全額が支給される場合），日本の法人とその外国人との間に使用関係はないものとして，その外国人は，厚生年金および健康保険に加入することができません。そのため，その外国人は，日本国内に住所を有することになる場合には，国民年金（20歳以上60歳未満の者の場合）および国民健康保険に加入し，40歳以上の者については，介護保険にも加入することになります。

(3)　社会保障協定国からの派遣

　外国人が，社会保障協定が締結されている国から5年以内で派遣される場合

において，派遣元国の社会保障制度のみに加入し，日本の社会保障制度への加入免除の特例を受けるときは，協定相手国の社会保険当局から適用証明書の交付を受ける必要があります。

(4) 脱退一時金

外国人が，国民年金，厚生年金保険に一定期間加入する場合には，帰国後に脱退一時金を請求することが可能です。詳細については，第5章**Q4，Q5，Q6**をご参照ください。

3 労働保険

(1) 雇用保険

日本国において合法的に就労する在日外国人は，その者の在留資格のいかんを問わず被保険者となりますが，以下の者については，被保険者の対象にならないとされています（外国において雇用関係が成立した後，日本国内にある事業所に赴き勤務している者については，雇用関係が終了した場合または雇用関係が終了する直前において帰国するのが通常であって，受給資格を得ても失業給付は受け得ないためとされています）。

- 外国公務員および外国の失業補償制度の適用を受けていることが立証された者
- 外国において雇用関係が成立した後，日本国内にある事業所に赴き勤務している者

したがって，外国の法人から日本の法人に派遣される外国人は，一般的に雇用保険は適用されません。

(2) 労災保険

出向先法人の日本の法人に外国人の従業員に対する実質的な指揮命令権がある場合は，労災保険の適用があります。

出向先法人の日本の法人と，出向元法人である外国の法人の双方から給与の

支給がある場合において，外国人が日本の法人の事業組織に組み入れられ，日本の法人の指揮監督を受けて労働に従事するときは，出向元法人の外国の法人で支払われている賃金も含めて労災保険料を計算します。指揮監督（指揮命令）権の有無は，使用従属関係，就業規則の適用，賃金の支払などを考慮して判断されます。

⑶　社会保障協定国からの派遣

　令和2（2020）年3月25日時点で発効されている社会保障協定で，日本において労働保険が加入免除になるものは存在しません。ただし，令和2（2020）年3月25日時点で発効準備中となっているイタリアおよびフィンランドとの間の社会保障協定は，派遣期間が5年以内の企業駐在員等は，原則として，派遣元国の雇用保険制度にのみ加入する取扱いとなっています。

Q13 外国人が出張者の場合の取扱い

外国人が出張者の場合の税務・社会保険・労働保険の取扱いを教えてください。

【概　要】

(1) 税務では，出張者が外国の法人（日本の法人とは別法人とし，本店・支店関係はないものとします。以下，本問において同様です）の役員である場合と，外国の法人の従業員である場合で，取扱いが異なります。

(2) その役員および従業員が，永住者，非永住者，非居住者（日本に恒久的施設を有しない非居住者であるものとします。以下，本問において同様です）のいずれのステータスであるかによって，その取扱いが異なります。

(3) 社会保険では，外国人が出張者の場合，出張者と日本の法人（国内の適用事業所に該当するものとします。以下，本問において同様です）との間に雇用関係はありませんので，出張者は，日本の法人で社会保険に加入することはありません。ただし，出張者が日本国内に住所を有する場合には，国民年金および国民健康保険に加入し，40歳以上の者については，介護保険にも加入する必要が生じる可能性があります。

(4) 労働保険では，外国人が出張者の場合，出張者と日本の法人との間に雇用関係はありませんので，出張者は，労働保険に加入する必要はありません。

【解　説】

1 税　務

(1) 出張者が外国の法人の役員の場合

外国人の出張者が外国の法人の役員の場合の取扱いは，所得税法上のステータス（永住者，非永住者，非居住者）別に，以下のとおりです。

(1)　永住者の場合

①　課税範囲

　永住者の課税範囲は全世界所得のため，外国の法人の役員報酬はすべて日本で課税されます。

②　外国税額控除の適用

　外国の法人の役員が国外勤務する場合，その役員の国外勤務分の給与は国外源泉所得に該当しますので，国外で税金を課される場合には外国税額控除が適用されます（所得税法95条）。

　外国税額控除を適用する場合の国外源泉所得は，以下の方法で計算します（所得税基本通達95－26）。

$$給与所得の金額 \times \frac{給与等の総額のうちその源泉が国外にあるものの金額}{給与等の総額}$$

　実務上，給与に係る「国外源泉所得」を計算する場合，以下の方法によります。

・外国の法人から支給される給与＝給与収入

　　給与収入－給与所得控除額＝給与所得の金額

$$給与所得の金額 \times \frac{国外勤務日数}{給与の総額の計算の基礎となった期間}$$

　租税条約，租税協定の規定により，外国の法人の役員報酬が法人居住地国・地域で役員報酬条項に基づいて課税される場合（法人居住地国・地域以外の国・地域で給与所得条項に基づいて課税される場合も含みます）には，その役員報酬は国外源泉所得に該当するため，租税条約，租税協定の規定により，外国で課税される役員報酬は国外源泉所得に該当し，外国税額控除が適用されます（所得税法95条）。

　日本が締結するほとんどの租税条約，租税協定に役員報酬条項があり，法人

居住地国・地域の役員報酬に対する課税権を認めているため，外国の法人の役員報酬が，租税条約，租税協定により外国の法人の居住地国・地域である相手国・地域で課税される場合には，その役員報酬は国外所得に該当し，外国税額控除が適用されます（所得税法95条，所得税法施行令225条の13）。

【図表 1 − 18】役員の租税条約，租税協定の適用関係

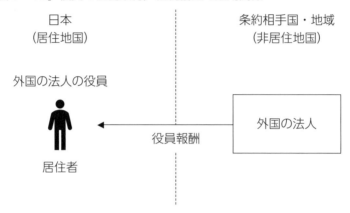

- 外国の法人の役員は，条約相手国・地域の法人の役員であるため，条約相手国・地域は役員報酬条項により，課税権が配分されます。

③ 確定申告

外国の法人から役員報酬の支払がある場合には，その役員報酬について源泉徴収が行われませんので，確定申告が必要です（所得税法120条，121条，所得税基本通達121− 5 ）。

(2) 非永住者の場合
① 課税範囲

非永住者の課税範囲は以下のものです。

> ● 国外源泉所得以外の所得
> ● 国外源泉所得で国内において支払われたもの
> ● 国外源泉所得で国外から送金されたもの

　外国の法人の役員の役員報酬のうち日本国内勤務分は，国外源泉所得以外の所得に該当しますので，日本で課税されます（所得税法95条4項10号イ）。

②　外国税額控除の適用

　租税条約，租税協定の規定により，外国の法人の役員報酬が法人居住地国・地域で役員報酬条項に基づいて課税される場合（法人居住地国・地域以外の国・地域で給与所得条項に基づいて課税される場合も含みます）には，その役員報酬は国外源泉所得に該当するため，日本国内において支払われるものがある場合や国外から日本国内への送金がある場合には，その役員報酬は日本で課税対象になりますので，その役員報酬が国外でも課税される場合には，外国税額控除が適用されます（所得税法95条）。

③　確定申告

　外国の法人から役員報酬の支払がある場合には，その役員報酬について源泉徴収が行われませんので，国外源泉所得となる役員報酬のうち，日本国内で支払われたものや国外から日本国内に送金されたものがある場合には，確定申告が必要です（所得税法120条，121条，所得税基本通達121-5）。

(3)　非居住者の場合
①　課税範囲

　非居住者の課税範囲は国内源泉所得です。

　外国の法人の役員の役員報酬のうち日本国内勤務分は，国内源泉所得に該当し，日本で課税されます（所得税法161条1項12号イ）。

②　外国税額控除の適用

　外国税額控除は，非居住者には適用されません（所得税法95条）。

③　確定申告

　外国の法人から役員報酬の支払がある場合は，その役員報酬について源泉徴収が行われませんので，日本で課税される役員報酬については，確定申告（所得税法172条による準確定申告）が必要です（所得税法172条）。

④　確定申告期限

　所得税法172条による準確定申告書の提出期限は，「その年の翌年3月15日（同日前に国内に居所を有しないこととなる場合には，その有しないこととなる日）まで」と規定されています。そのため，出張者については，出張を終えて帰国する日が「居所を有しないことになる日」となり，確定申告期限になると考えられます。

⑤　住民税

　所得税法上の非居住者であっても，賦課期日（翌年1月1日）に住民基本台帳に記録されている場合は，住民税の納税義務者となります。ただし，外国人が，住民税が対象税目となる租税条約，租税協定を締結する相手国・地域から来日する場合において，その外国人が，租税条約，租税協定により相手国・地域の居住者になるときは，賦課期日に住民基本台帳に記録があっても，日本では非居住者と取り扱われるため，住民税は課されません。

　住民税の所得の計算方法は，特別の定めがある場合を除き，基本的に所得税のものと同じです（地方税法32条1項・2項，313条1項・2項）が，賦課期日の前年の非居住者期間中に生じた国内源泉所得がある場合は，その所得も住民税の課税対象になります（詳細は，**Q7**をご参照ください）。

(2)　出張者が外国の法人の従業員の場合

　外国人の出張者が外国の法人の従業員の場合の取扱いは，所得税法上のステータス（永住者，非永住者，非居住者）別に，以下のとおりです。

(1)　永住者の場合
①　課税範囲

　永住者の課税範囲は全世界所得のため，外国の法人の従業員の給与は，すべて日本で課税されます。

②　外国税額控除の適用

　外国の法人の従業員が国外勤務する場合，その従業員の国外勤務分の給与は国外源泉所得に該当しますので，国外で税金を課される場合には外国税額控除が適用されます（所得税法95条）。

　外国税額控除を適用する場合の国外源泉所得は，以下の方法で計算します（所得税基本通達95－26）。

$$給与所得の金額 \times \frac{給与等の総額のうちその源泉が国外にあるものの金額}{給与等の総額}$$

　実務上，給与に係る「国外源泉所得」の計算は，以下の方法によります。

・外国の法人から支給される給与＝給与収入
　　給与収入－給与所得控除額＝給与所得の金額

$$給与所得の金額 \times \frac{国外勤務日数}{給与の総額の計算の基礎となった期間}$$

---

③　確定申告

　外国の法人から給与の支払がある場合には，その給与について源泉徴収が行

われませんので，確定申告が必要です（所得税法120条，121条，所得税基本通達121−5）。

(2) 非永住者の場合

① 課税範囲

非永住者の課税範囲は以下のものです。

- 国外源泉所得以外の所得
- 国外源泉所得で国内において支払われたもの
- 国外源泉所得で国外から送金されたもの

外国の法人の従業員が国外勤務する場合，その従業員の国外勤務分の給与は国外源泉所得に該当しますので（所得税法95条），日本国内で支払われるものがなく，国外から日本国内への送金もないときは，国外勤務分の給与は，日本で課税対象外になります。

実務上，「国外源泉所得」，「国外源泉所得以外の所得」の計算は，以下の方法によります。

〈国外源泉所得の計算方法〉
- 外国の法人から支給される給与＝給与収入

給与収入−給与所得控除額＝給与所得の金額

$$給与所得の金額 \times \frac{国外勤務日数}{給与の総額の計算の基礎となった期間}$$

〈国外源泉所得以外の所得の計算方法〉
- 外国の法人から支給される給与＝給与収入

給与収入−給与所得控除額＝給与所得の金額

$$給与所得の金額 \times \frac{給与の総額の計算の基礎となった期間 − 国外勤務日数}{給与の総額の計算の基礎となった期間}$$

---

② 外国税額控除の適用

外国の法人の従業員が国外勤務する場合，その従業員の国外勤務分の給与は国外源泉所得に該当しますので（所得税法95条），日本国内で支払われるものがなく，国外から日本国内への送金もないときは，その従業員の国外勤務分の給与は，日本で課税対象外になり，その従業員が国外源泉所得について国外で課税される場合でも，二重課税は生じていないため外国税額控除の適用はありません（所得税基本通達95－29）。ただし，国外源泉所得のうち国内において支払われたものや国外から送金されたものは日本で課税対象になりますので，その給与のうち日本国内で支払われたものや，国外から日本国内への送金された給与が国外でも課税されるときは，外国税額控除が適用されます（所得税法95条）。

③ 確定申告

外国の法人から給与の支払がある場合には，その給与について源泉徴収が行われませんので，確定申告が必要です（所得税法120条，121条，所得税基本通達121－5）。

(3) 非居住者の場合

① 課税範囲

非居住者の課税範囲は国内源泉所得です。

日本の法人の従業員の給与のうち，その従業員の日本勤務分が国内源泉所得に該当します。国内源泉所得は，以下のとおり計算します（所得税基本通達161－41）。

$$給与の総額 \times \frac{国内において行った勤務期間}{給与の総額の計算の基礎となった期間}$$

② 租税条約，租税協定

日本が締結する租税条約，租税協定の給与所得条項には短期滞在者免税の規

定がありますので，一般的な租税条約，租税協定では，以下の要件をすべて満たす場合には，非居住地国・地域である日本勤務分の給与の課税が免除されます。

- 継続する12カ月で非居住地国・地域内の滞在日数が183日以内（条約によって12カ月の取り方や滞在日数は異なります）
- 報酬（給与）が非居住地国・地域の企業から支払われないこと
- 報酬（給与）が非居住地国・地域の恒久的施設によって負担されていないこと

　従業員の国内勤務分の給与のうち，日本の法人から支給されるものは，上記の要件を満たさないため短期滞在者免税の適用はありませんが，外国の法人から支給されるものについて，上記の要件をすべて満たす場合には，日本で課税が免除されます。

③　外国税額控除の適用

　外国税額控除は，非居住者には適用されません（所得税法95条）。

④　確定申告

　従業員の国内勤務分の給与が日本の法人から支払われる場合は，その支払時に20.42％の税率で源泉徴収され課税関係が完了しますので，確定申告は不要ですが（所得税法169条，170条），従業員の給与が外国の法人から支払われる場合は，従業員の国内勤務分の給与について源泉徴収されませんので，確定申告（所得税法172条による準確定申告）が必要です（所得税法172条）。

⑤　確定申告期限

　所得税法172条による準確定申告書の提出期限は，「その年の翌年3月15日（同日前に国内に居所を有しないこととなる場合には，その有しないこととなる日）まで」と規定されています。そのため，出張者については，出張を終えて帰国する日が「居所を有しないことになる日」となり，確定申告期限になる

と考えられます。

⑥　住民税

　所得税法上の非居住者であっても，賦課期日（翌年1月1日）に住民基本台帳に記録されている場合は，住民税の納税義務者となります。ただし，外国人が，住民税が対象税目となる租税条約，租税協定を締結する相手国・地域から来日する場合において，その外国人が，租税条約，租税協定により相手国・地域の居住者になるときは，賦課期日に住民基本台帳に記録があっても，日本では非居住者と取り扱われるため，住民税は課されません。

　住民税の所得の計算方法は，特別の定めがある場合を除き，基本的に所得税のものと同じです（地方税法32条1項・2項，313条1項・2項）が，賦課期日の前年の非居住者期間中に生じた国内源泉所得がある場合は，その所得も住民税の課税対象になります（詳細は，**Q7**をご参照ください）。

2　社会保険

　通常，出張者と日本の法人との間に委任，雇用関係はありませんので，出張者は，日本の法人で社会保険に加入することはありません。

　ただし，出張者が日本国内に住所を有する場合（適法に3カ月を超えて在留し，日本国内に住所を有する場合，すなわち，外国人住民で住民基本台帳に記録されている場合）には，国民年金（20歳以上60歳未満の者）および国民健康保険に加入し，40歳以上の者については，介護保険にも加入することになると考えられます。

　出張者が，社会保障協定が締結されている国から5年以内で派遣される場合には，協定相手国の社会保険当局から適用証明書の交付を受けることで，派遣元国の社会保障制度のみに加入し，日本の社会保障制度への加入免除の特例の適用を受けることが可能と考えられます。

3 労働保険

　通常，出張者と日本の法人との間に雇用関係はありませんので，出張者は労働保険に加入する必要はありません。

Q14　外国人が研修生の場合の取扱い

　外国人が研修生の場合の税務・社会保険・労働保険の取扱いを教えてください。

【概　要】

(1) 税務上，研修生に関する特別な取扱いとして，以下のものが挙げられます。

　① 外国人技能実習制度に基づく研修生については，研修生に支給する滞在費（宿泊費・食費・雑費）は，研修生の役務提供の対価ではなく，研修に必要な生計費（実費）として非課税とされています。

　② 租税条約，租税協定には，事業修習者が取得する報酬について，生計，教育または訓練のために受け取る給付のうち国外で支払われるものを免税とするものや，事業習得者が取得する報酬のうち一定の条件を満たすものを免税とするものなどがあります。租税条約，租税協定によってその内容が異なりますので，都度確認する必要があります。

(2) 社会保険について，研修生が，企業内の研修で外国の法人（国内の適用事業所ではない海外の事業所に該当するものとします。以下，本問において同様です）から日本の法人（国内の適用事業所に該当するものとします。以下，本問において同様です）に派遣される場合は，基本的には出向で派遣される従業員と同じ取扱いになります。ただし，研修生が，外国人技能実習生の場合は，講習期間中と講習終了後で取扱いが異なります。

(3) 労働保険について，研修生が，企業内の研修で外国の法人から日本の法人に派遣される場合は，基本的には出向で派遣される従業員と同じ取扱いになります。ただし，研修生が，外国人技能実習生の場合は，講習期間中と講習終了後で取扱いが異なります。

【解　説】

1　税　務

　外国人の研修には，外国の法人（日本の法人とは別法人とし，本店・支店関係はないものとします）の従業員が日本の法人の事業所・工場などで研修するものや，外国人技能実習制度に基づき研修するものなどがあります。税務上，研修生に関する特別な取扱いとして，以下のものが挙げられます。

(1)　外国人技能実習制度に基づく研修生の滞在費

　外国人技能実習制度に基づく研修生は，研修生に支給する滞在費（宿泊費・食費・雑費）は，研修生の役務提供の対価ではなく，研修に必要な生計費（実費）として非課税とされています。

(2)　租税条約，租税協定

　租税条約，租税協定には，事業修習者（企業内の見習研修者や日本の職業訓練所等において訓練，研修を受ける者）が取得する報酬について，生計，教育または訓練のために受け取る給付のうち国外で支払われるものを免税とするものや，事業習得者（企業の使用人としてまたは契約に基づき，当該企業以外の者から高度な職業上の経験等を習得する者）が取得する報酬のうち一定の条件を満たすものを免税とするものなどがあります（租税条約上，事業修習者や事業習得者の定義は定められていませんが，国税庁　質疑応答事例「専修学校等の就学生に対する免税条項の適用の是非」にその範囲が記載されています）。租税条約，租税協定によってその内容が異なりますので，都度確認する必要があります。

　なお，過去の国税庁のHPには，事業修習者および事業習得者について，地域別の特色が以下のように解説されたものが掲載されていました。これらは租税条約，租税協定を確認する際の参考になるかと思います。

- 事業修習者が取得する報酬については，欧米諸国などとの条約では，生計，教育，勉学，研究または訓練のために受け取る給付で国外から支払われるもの，すなわち海外からの送金について課税を免除するにとどまっています。
- これに対して，アジア諸国などとの条約では，海外からの送金のほか，政府または宗教もしくは慈善，学術等の団体からの交付金，手当または奨励金，雇用主などから支払われる給与等の報酬および滞在地国における人的役務の提供の対価等（アルバイト収入）をも含めて免税としているものもあります。
- アジア諸国などとの租税条約には，事業習得者についても，相手国で行う人的役務の提供に対する課税を一定の制限のもとに免税としているものもあります。

　研修生が，事業修習者または事業習得者に該当するかどうかの判断にあたって，滞在資格は大きな判断要素になりますが，税務では形式面のみに着目せず，実態に即して判断されるため，滞在目的，滞在期間，勤務状況などの実態から研修生が事業修習者または事業習得者であると判断できない場合には，租税条約，租税協定の特典を享受できないことになります（「技術等の修得をする活動を行う「研修」などの資格をもった者はその在留資格の基準に適合する活動を行わなければならず，たとえ，在留を許可され滞在している者であっても，在留資格の基準に適合しないような活動を行っている者にあっては，日中租税条約第21条に規定する事業修習者等には該当しないと解される」とする裁決があります（裁決平21・3・24））。

　なお，研修生が，源泉税に関して租税条約，租税協定の特典を受ける場合には，事前に税務署に租税条約，租税協定に関する届出書を提出する必要があります。

2　社会保険

　研修生が，企業内の研修で外国の法人から日本の法人に派遣される場合は，基本的にはQ12の従業員と同じ取扱いになります。

　ただし，研修生が外国人技能実習生の場合は，以下の取扱いとなります。

(1) 講習期間中

　外国人技能実習生に対して，入国当初に雇用契約に基づかない講習（座学（見学を含みます）により実施され，実習実施期間の工場の生産ライン等商品を生産するための施設における機械操作教育や安全衛生教育は含まれません）が行われる場合，その講習期間中は，受入先の事業主と外国人技能実習生との間には雇用関係はないため，実習生は，厚生年金および健康保険に加入することができません。そのため，実習生は，国民年金（20歳以上60歳未満の者）および国民健康保険に加入し，40歳以上の者については，介護保険にも加入することになります。

(2) 講習終了後

　講習終了後は，受入先の事業主と外国人技能実習生との間に雇用関係がありますので，厚生年金および健康保険に加入し，40歳以上の者については，介護保険にも加入することになります。

(3) 脱退一時金

　技能実習生が，国民年金，厚生年金保険に一定期間加入する場合には，帰国後に脱退一時金の請求が可能です。詳細については，第5章**Q4**，**Q5**，**Q6**をご参照ください。

3　労働保険

　研修生が，企業内の研修で外国の法人から日本の法人に派遣される場合は，基本的には**Q12**の従業員と同じ取扱いになります。

　ただし，研修生が，外国人技能実習生の場合は，以下の取扱いとなります。

(1) 雇用保険

　日本の民間企業に技能実習生（在留資格「技能実習1号イ」，「技能実習1号ロ」，「技能実習2号イ」および「技能実習2号ロ」の活動に従事する者）とし

て受け入れられ，技能等の修得をする活動を行う場合には，受入先の事業主と外国人技能実習生との間には雇用関係があるので，外国人技能実習生は，雇用保険の被保険者となります。ただし，入国当初に雇用契約に基づかない講習（座学（見学を含みます）により実施され，実習実施期間の工場の生産ライン等商品を生産するための施設における機械操作教育や安全衛生教育は含まれません）が行われる場合には，当該講習期間中は受入先の事業主と外国人技能実習生との間には雇用関係はないので，雇用保険の被保険者にはなりません（雇用保険に関する業務取扱要領（平成31（2019）年 4 月 1 日以降））。

⑵　労災保険

　上記⑴と同様に，受入先の事業主と外国人技能実習生との間に雇用関係がある場合は，労災保険の対象になりますが，入国当初に雇用契約に基づかない講習中は労働者ではないので対象外です（公益財団法人国際研修協力機構（JITCO）「外国人技能実習生と労働・社会保険Q&A（改訂第 8 版)」）。

第**2**章

赴 任 前

Q1 赴任予定の外国人の語学研修費を負担した場合の取扱い

　会社が日本に赴任予定の外国人の語学研修費を負担した場合の税務，社会保険，労働保険の取扱いはどうなりますか。

【概　要】

(1)　所得税法上，会社が外国人の語学研修費を負担した場合において，会社の職務に直接必要な知識に該当するもので，それが適正な範囲内であると判断されたときは，非課税となります。

(2)　会社が外国人の配偶者の語学研修費を負担した場合は，給与課税されますが，その負担が必要不可欠な範囲内のものであれば，非課税となる余地もあります。

(3)　日本の法人が外国人の語学研修費を負担する場合において，その語学研修費が給与課税されるときは，その語学研修費を手取額としてグロス・アップ計算し，源泉徴収する必要があります。

(4)　社会保険では，外国人の語学研修に充てるために支給する金品は，業務命令によるものである場合には報酬等に該当せず，社会保険の対象外です。ただし，家族の語学研修費は報酬等に該当し，社会保険の対象になります。また，日本の法人（国内の適用事業所に該当するものとします。以下，本問において同様です）がグロス・アップした源泉税相当額も報酬等に該当します。

(5)　労働保険では，外国人の語学研修に充てるために支給する金品は，福利厚生的なものとして労働の対償に該当せず，労働保険の対象外です。家族の語学研修費についても福利厚生的なものとして労働の対償に該当せず，労働保険の対象外です。ただし，日本の法人がグロス・アップした源泉税相当額は労働保険の対象です。

【解　説】

1　所得税の取扱い

　使用者が自己の業務遂行上の必要に基づき，役員または使用人にその役員または使用人としての職務に直接必要な技術もしくは知識を習得させ，または免許もしくは資格を取得させるための研修会，講習会等の出席費用または大学等における聴講費用に充てるものとして支給する金品については，これらの費用として適正なものに限り，課税しなくて差し支えないとされています（所得税基本通達36－29の２）。

　したがって，会社が外国人の語学研修費を負担した場合において，会社の職務に直接必要な知識に該当するもので，それが適正な範囲内であると判断されたときは，非課税となります。

　なお，会社が外国人の配偶者の語学研修費を負担した場合については，その配偶者は役員でも使用人でもないため，上記の通達は適用されず，会社が社員の個人的な事情による費用に充てるための金品を支給したものとして，その外国人に対する給与として課税されることになります（所得税法36条１項）。ただし，外国人は配偶者同伴で取引先と接する機会も多いことから，会社が外国人の配偶者の語学研修費を負担した場合でも，その負担が必要不可欠な範囲内のものであれば，非課税となる余地もあるようです。

　なお，日本の法人が外国人の語学研修費を負担する場合において，その語学研修費が給与課税されるときは，その語学研修費を手取額としてグロス・アップ計算し，源泉徴収する必要があります（所得税基本通達181〜223共－４）。

　従来，使用者から役員，使用人およびこれらの者の子弟の修学のための学資金として支給される金品は，原則として「給与その他対価の性質を有するもの」として課税されていました。しかし，平成28（2016）年度税制改正により，学資金の範囲が拡充され「給与その他対価の性質を有するもの」のうち，給与所得を有する者がその使用者から通常の給与以外に加算して受けるものであって，法人の役員や，使用人の配偶者など一定の者に給付する場合に該当するも

の以外のものは非課税とされました（所得税法9条15号）。そのため，もし語学研修費が，所得税法9条15号に規定する学資金に含まれる場合には，所得税基本通達36-29の2による判定を行うまでもなく非課税の取扱いになると考えられます。

　しかし，以下の状況を勘案すると，所得税法9条15号に規定する学資金は，一般教育を目的とする学校における修学費用を想定しているものと考えられます。

(1) 所得税法9条15号に規定する学資金は，学資に充てるために法人または個人から給付される金品で，学術奨励の観点から非課税とされているものと考えられること

(2) 平成28（2016）年度税制改正のきっかけとなった厚生労働省の要望事項の内容は，医学生等への修学等資金の債務免除益に対する課税関係の相違の是正であったこと（医学生等に貸与した修学等資金が，地方公共団体が指定する医療機関に一定期間勤務後に免除される場合に，勤務先の医療機関によって，その債務免除益が学資金として非課税とされるものと，給与課税されるものがあり，同じような状況であるにもかかわらず課税関係が相違していたため，是正されました）

(3) 平成28（2016）年度税制改正により廃止された旧所得税基本通達9-16では，「使用者が使用人に対しその者の学校教育法第1条に規定する学校（大学及び高等専門学校を除く。）における修学のための費用に充てるものとして支給する金品で，その修学のための費用として適正なものについては，役員又は使用人である個人の親族のみを対象とする場合を除き，9-15の取扱いに準じ，課税しなくて差支えないものとする」と規定され，高等学校以下の修学費用は非課税とされていたこと

　語学研修費は，一般教育を目的とする学校における修学費用には該当しませんので，所得税法9条15号に規定する学資金には該当せず，所得税基本通達36-29の2に規定により，非課税かどうかの判断をすることになると考えます。

　なお，旧所得税基本通達9-16の逐条解説（『所得税基本通達逐条解説（平成26年版）』（大蔵財務協会，2014年））によると，「学校教育法第1条に規定す

る学校における修学は，一般教育を目的とするものであり，一般的には，使用人としての職務に直接必要な技術の習得等のためには当たらず，基通9－15（現在の所得税基本通達36－29の2）の適用はないと考えられる」とされていました。また，現行の所得税基本通達36－29の2は，平成28（2016）年度税制改正で，旧所得税基本通達9－15として非課税とされる学資金の項から所得税法36条の「給与等に係る経済的利益」の項に新設されました。したがって，所得税基本通達36－29の2に規定する「技術の習得等をさせるために支給する金品」は，所得税法9条15号に規定する学資金とは性質を異にするものであると思われます。

2　社会保険の取扱い

　社会保険では，外国人の語学研修に充てるために支給する金品は，業務命令によるものである場合には報酬等に該当せず，社会保険の対象外です。ただし，家族の語学研修費は報酬等に該当し，社会保険の対象になります。

　家族の語学研修費の負担は，現物給与のうち「食事で支払われる報酬等」や「住宅で支払われる報酬等」に該当せず，「その他の報酬等」に該当します。「その他の報酬等」は時価換算することとされていますので，日本の法人が家族の語学研修費の負担をした場合，その負担額が報酬等に該当することになります。

　なお，家族の語学研修費の会社負担額を手取額としてグロス・アップ計算する場合には，グロス・アップした源泉税相当額も報酬等に該当します。

　家族の語学研修費は，毎月支給する場合は通常の報酬に該当し，毎月支給するもの以外のものは，その支給回数に応じて，賞与に係る報酬または賞与に区分することになります。

3　労働保険の取扱い

　労働保険では，外国人の語学研修に充てるために支給する金品は，福利厚生的なものとして労働の対価に該当せず，労働保険の対象外です。家族の語学研

修費についても福利厚生的なものとして労働の対償に該当せず，労働保険の対象外になります。

　ただし，日本の法人が家族の語学研修費の会社負担額を手取額としてグロス・アップ計算する場合には，グロス・アップした源泉税相当額は労働保険の対象です。

【図表2－1】赴任予定の外国人の語学研修費を負担した場合の税務・社会保険・労働保険

項　目	所得税	社会保険	労働保険
本人の語学研修費	課税 一定の場合は非課税	対象外 （業務命令によるもの）	対象外
配偶者の語学研修費	課税 一定の場合は非課税	対象	対象外
語学研修費に係るグロス・アップ源泉税相当額	課税	対象	対象

海外から日本に着任する外国人の赴・帰任手当の取扱い

海外から日本に着任する外国人の赴任手当，帰任手当の税務，社会保険，労働保険の取扱いはどうなりますか（※本問における赴任手当・帰任手当とは着任・帰任に伴う手当の中で実費弁償要素を含まない手当を指します）。

【概　要】...

(1) 赴任手当は，日本への赴任に伴い支給されるものである場合には，国内源泉所得に該当し，帰任手当は，海外への帰任に伴い支給されるものである場合には，国外源泉所得に該当します。

(2) そのため，赴任手当，帰任手当は，その支給時の外国人の所得税法上のステータスや支払方法によって，取扱いが異なります。

(3) 日本の法人が赴任手当，帰任手当を支給する場合において，その赴任手当，帰任手当が給与課税されるときは，その赴任手当，帰任手当を手取額としてグロス・アップ計算し，源泉徴収する必要があります。

(4) 赴任手当，帰任手当が，日本の法人（国内の適用事業所に該当するものとします。以下，本問において同様です）から社会保険の加入期間内に支給されるものである場合，一般的には，社会保険の対象になります。

(5) 日本の法人が赴任手当，帰任手当を手取額としてグロス・アップ計算する場合には，グロス・アップした源泉税相当額も社会保険の対象になります。

(6) 赴任手当，帰任手当が，就業規則等により支給されることが定められている場合は，労働の対償に該当し，労働保険の対象です。ただし，赴任手当，帰任手当が，実費弁償的なものである場合には，労働の対償に該当せず，労働保険の対象外になります。

(7) 日本の法人が赴任手当，帰任手当を手取額としてグロス・アップ計算する場合には，グロス・アップした源泉税相当額は労働保険の対象です。

【解　説】

1　所得税の取扱い

　会社が，赴任または帰任にあたって外国人に金銭で手当を支給する場合，その金銭支給される手当は給与課税されます（所得税法28条，36条）。

　赴任手当は，日本への赴任に伴い支給されるものである場合には，国内源泉所得に該当し，帰任手当は，海外への帰任に伴い支給されるものである場合には，国外源泉所得に該当します。赴任手当，帰任手当は，その支給時の外国人の所得税法上のステータスや支払方法によって，以下のとおり取扱いが異なります。

　赴任手当，帰任手当が，①居住者（永住者および非永住者）に支払われるものと，②非居住者（日本に恒久的施設を有しない非居住者であるものとします。以下，本問において同様です）に支払われるものどちらに該当するかは，その支給日におけるステータスにより判定します。

【図表２−２】赴任手当（国内源泉所得）と帰任手当（国外源泉所得）

① 赴任手当（国内源泉所得）

支給時	支払者	税率	課税方法
非居住者	日本の法人（国内払）	20.42％	源泉分離課税
	外国の法人（国外払）	20.42％	準確定申告（172条）
非永住者	日本の法人（国内払）	累進税率	源泉徴収
	外国の法人（国外払）	累進税率	確定申告
永住者	日本の法人（国内払）	累進税率	源泉徴収
	外国の法人（国外払）	累進税率	確定申告

※外国の法人は，日本の法人とは，別法人とし，本店・支店関係はないものとします。以下，本問において同様です。

② 帰任手当（国外源泉所得）

支給時	支払者	税率	課税方法
非居住者	日本の法人（国内払）	課税なし	－
	外国の法人（国外払）	課税なし	－
非永住者	日本の法人（国内払）	累進税率	源泉徴収
	外国の法人（国外払）	累進税率	確定申告（国内送金された場合などに課税対象になります）
永住者	日本の法人（国内払）	累進税率	源泉徴収
	外国の法人（国外払）	累進税率	確定申告

　なお，日本の法人が赴任手当，帰任手当を支給する場合において，その赴任手当，帰任手当が給与課税されるときは，その赴任手当，帰任手当を手取額としてグロス・アップ計算し，源泉徴収する必要があります（所得税基本通達181〜223共－4）。

2　社会保険の取扱い

　赴任手当，帰任手当が，日本の法人から社会保険の加入期間内に支給されるものである場合，赴任手当，帰任手当は，通常，就業規則，労働契約，アサイメントレターなどで支給されることが定められているため，臨時的に受けるものには該当せず，社会保険の対象になります。

　なお，日本の法人が赴任手当，帰任手当を手取額としてグロス・アップ計算する場合には，グロス・アップした源泉税相当額も報酬等に該当します。

　赴任手当，帰任手当は，毎月支給するものではなく，また，年4回以上支給されるものでもないため，賞与に区分されます。ただし，赴任手当，帰任手当が，実費を弁償するものである場合には，社会保険の対象外になります。

3　労働保険の取扱い

　赴任手当，帰任手当が，就業規則等により支給されることが定められている場合は，労働の対償に該当し，労働保険の対象です。ただし，赴任手当，帰任

手当が，実費弁償的なものである場合には，労働の対償に該当せず，労働保険の対象外になります。

　なお，日本の法人が赴任手当，帰任手当を手取額としてグロス・アップ計算する場合には，グロス・アップした源泉税相当額は労働保険の対象です。

Q3 外国人の転任旅費を負担した場合の取扱い

会社が外国人の転任旅費（実費弁済として支給するもの）を負担した場合の税務，社会保険，労働保険の取扱いはどうなりますか。

【概　要】..

(1) 会社が外国人の転任旅費を負担した場合，その転任旅費が，通常必要と認められる範囲内のものである場合には非課税です。ただし，転任旅費が通常必要と認められる金額を超える場合には，その超える部分の金額は給与課税されます。

(2) 会社が外国人の転任旅費に充てるために支給する金品は，実費弁償的なものとして，報酬等に該当せず，社会保険の対象外です。

(3) 会社が外国人の転任旅費に充てるために支給する金品は，実費弁償的なものとして労働の対償に該当せず，労働保険の対象外です。

【解　説】

1　所得税の取扱い

給与所得を有する者が勤務する場所を離れてその職務を遂行するため旅行をし，もしくは転任に伴う転居のための旅行をした場合または就職もしくは退職をした者がこれらに伴う転居のための旅行をした場合に，その旅行に必要な支出に充てるため支給される金品で，その旅行について通常必要であると認められるものは，非課税とされています（所得税法9条4号）。

この非課税とされる金品は，その旅行をした者に対して使用者等からその旅行に必要な運賃，宿泊料，移転料等の支出に充てるものとして支給される金品のうち，その旅行の目的，目的地，行路もしくは期間の長短，宿泊の要否，旅行者の職務内容および地位等からみて，その旅行に通常必要とされる費用の支出に充てられると認められる範囲内のものであり，その金品に該当するかは，

以下の事項を勘案して判断することとされています（所得税基本通達9－3）。

> (1) その支給額が，その支給をする使用者等の役員および使用人のすべてを通じて適正なバランスが保たれている基準によって計算されたものであるかどうか。
> (2) その支給額が，その支給をする使用者等と同業種，同規模の他の使用者等が一般的に支給している金額に照らして相当と認められるものであるかどうか。

　したがって，会社が外国人の転任旅費を負担した場合，その転任旅費が，通常必要と認められる範囲内のものである場合には非課税です。ただし，転任旅費が通常必要と認められる金額を超える場合には，その超える部分の金額は給与課税されます（所得税基本通達9－4）。なお，日本の法人が転任旅費を負担する場合において，その転任旅費が給与課税されるときは，その転任旅費の負担額を手取額としてグロス・アップ計算し源泉徴収する必要があります（所得税基本通達181～223共－4）。

2　社会保険の取扱い

　会社が外国人の転任旅費に充てるために支給する金品は，実費弁償的なものとして，報酬等に該当せず，社会保険の対象外です。なお，日本の法人（国内の適用事業所に該当するものとします）が転任旅費の負担額を手取額としてグロス・アップ計算する場合には，グロス・アップした源泉税相当額は報酬等に該当します。

3　労働保険の取扱い

　会社が外国人の転任旅費に充てるために支給する金品は，実費弁償的なものとして労働の対償に該当せず，労働保険の対象外です。なお，日本の法人が転任旅費の負担額を手取額としてグロス・アップ計算する場合には，グロス・アップした源泉税相当額は労働保険の対象です。

第 **3** 章

赴 任 中

Q1   外国人が日本に赴任した際の手続

　外国人が日本に赴任した際に，税務，社会保険，労働保険で，具体的にどのような手続が必要ですか。

【概　要】

(1)　税務では，以下の手続が必要です。

　①　給与所得者の扶養控除等申告書を提出する必要があります。

(2)　社会保険では，以下の手続が必要です。

　①　被保険者資格取得届，国民年金第3号被保険者届，健康保険被扶養者（異動）届を，加入事由が生じた日から5日以内に年金事務所へ提出する必要があります。

　②　健康保険の被保険者で40歳以上65歳未満の外国人が，在留資格が3カ月以下であるため介護保険の適用除外になるときは，介護保険適用除外届を，事業主を経由して年金事務所に提出する必要があります。

　③　外国人が，社会保障協定が締結されている国から5年以内で派遣される場合において，派遣元国の社会保障制度のみに加入し，日本の社会保障制度への加入免除の特例の適用を受けるときは，協定相手国の社会保険当局から適用証明書の交付を受ける必要があります。

(3)　労働保険では，以下の手続が必要です。

　①　外国人雇用状況届出書を，外国人を雇用した日の属する月の翌月末日までに，事業所の所在地を管轄するハローワークに提出する必要があります。

【解　説】

1　税　務

(1)　給与所得者の扶養控除等申告書の提出

　外国人が居住者となる場合において，日本の法人から給与が支払われるときは，「給与所得者の扶養控除等申告書」を，最初に給与の支払を受ける日の前日までに，給与の支払者となる日本の法人に提出する必要があります（所得税法194条）。

　また，その外国人が，給与の支払時の源泉税の計算で，日本国外に居住する非居住者の親族（国外居住親族）を配偶者控除，扶養控除，障害者控除の対象とする場合には，親族関係書類を合わせて提出または提示する必要があります。

　親族関係書類とは，国外居住親族がその外国人と親族関係にあることを証明するための書類で，例えば，国外居住親族のパスポートや戸籍謄本，出生証明書，婚姻証明書などで外国政府等が発行したものなどが該当します（所得税法施行規則47条の2第5項，73条の2第2項）。

　なお，その外国人が，年末調整で，国外居住親族を配偶者控除，配偶者特別控除，扶養控除，障害者控除の対象にするためには，生計を一にする事実を証明するため，別途「送金関係書類」をその年の最後に給与の支払を受ける日の前日までに給与の支払者に提出または提示する必要があります（年末調整で配偶者控除の適用を受ける場合には，別途，「給与所得者の配偶者控除等申告書」も必要です）（所得税法190条，194条，195条の2）。

　送金関係書類とは，国外居住親族の生活費または教育費に充てるための支払を，必要な都度，それぞれ国外居住親族に対して行ったことを明らかにする書類で，例えば，国外居住親族への送金した時の外国送金依頼書，国外居住親族が使用するクレジットカード（家族カード）の利用明細書などが該当します。居住者となった外国人が，国外居住親族に，生活費または教育費を複数年分まとめて送金した場合には，その送金は，送金した年のみの送金関係書類に該当しますので，その送金をした年以外の年に，国外居住親族に対して送金がない

116

場合には，その国外居住親族は，配偶者控除，配偶者特別控除，扶養控除，障害者控除の対象外となります。また，居住者となった外国人が，複数の国外居住親族の生活費または教育費を代表者にまとめて送金した場合には，その代表者のみに対する送金関係書類に該当しますので，代表者以外の国外居住親族に送金がない場合には，代表者以外の者は，配偶者控除，配偶者特別控除，扶養控除，障害者控除の対象外となります（所得税法施行規則47条の2第6項，73条の2第2項）。

　居住者となった外国人が，国外居住親族の生活費または教育費に充てるための支払を，その年に同一の国外居住親族に3回以上行った場合の送金関係書類の提出または提示については，その年のすべての送金関係書類の提出または提示に代えて，①居住者の氏名および住所，②支払を受けた国外居住親族の氏名，③支払日，④支払方法，⑤支払額を記載した明細書の提出および各国外居住親族のその年の最初と最後の支払に係る送金関係書類の提出または提示として差し支えないこととされています（所得税基本通達120-9）。

　なお，令和2（2020）年度の税制改正により，日本国外に居住する親族に係る扶養控除の適用は，令和5（2023）年1月1日以後に支払われる給与等および令和5（2023）年分以後の所得税について，以下の取扱いとなります。

①　非居住者である親族に係る扶養控除の対象となる親族から，年齢30歳以上70歳未満の者であって次のいずれにも該当しない者は除外されます。
　イ　留学により非居住者となった者
　ロ　障害者
　ハ　その居住者からその年における生活費または教育費に充てるための支払を38万円以上受けている者
②　年齢30歳以上70歳未満の非居住者であって上記①イまたはハに該当する者に係る扶養控除の適用を受けようとする居住者は，給与等の源泉徴収，給与等の年末徴収または確定申告の際に，上記①イまたはハに該当する者であることを明らかにする書類を提出等しまたは提示する必要があります。
③　上記①イに該当する者であることを明らかにする書類は，外国政府または外国の地方公共団体が発行した留学の在留資格に相当する資格をもって在留す

　る者であることを証する書類です。
④　上記①ハに該当する者であることを明らかにする書類は，現行の送金関係書類で38万円以上であることを明らかにする書類です。

2　社会保険

(1)　手　続

　外国人が厚生年金と健康保険の被保険者に該当する場合には，「被保険者資格取得届」を，加入事由が生じた日から5日以内に年金事務所へ提出する必要があり，配偶者，家族を扶養にする場合は，「国民年金第3号被保険者関係届」，「健康保険被扶養者（異動）届」を，扶養にする事由が発生した日から5日以内に年金事務所へ提出する必要があります。

　国民年金保険法，健康保険法等の一部改正に伴い，令和2（2020）年4月1日以降，厚生年金保険加入者（国民年金第2号被保険者）の被扶養配偶者である国民年金第3号被保険者，健康保険の被扶養者になる要件に，新たに国内居住要件が追加されることになりましたので，外国人の日本国外に居住する家族は，基本的に厚生年金保険加入者（国民年金第2号被保険者）の被扶養配偶者である国民年金第3号被保険者，健康保険の被扶養者になることは難しいと考えられます（第1章**Q8**）。

(2)　介護保険の適用除外届

　外国人のうち，健康保険の被保険者で40歳以上65歳未満の者が，在留資格が3カ月以下であるため介護保険の適用除外になるときは，介護保険適用除外届を，事業主を経由して年金事務所に提出する必要があります。

(3)　社会保障協定国からの派遣

　外国人が，社会保障協定が締結されている国から5年以内で派遣される場合において，派遣元国の社会保障制度のみに加入し，日本の社会保障制度への加

入免除される特例の適用を受けるときは，協定相手国の社会保険当局から適用証明書の交付を受ける必要があります。

3 労働保険

(1) 雇用保険

(1) 手 続

　外国において雇用関係が成立した後，日本国内にある事業所に赴き勤務している者は，被保険者の対象にならないとされています。したがって，外国の法人から出向目的で来日する外国人には，一般的に，雇用保険は適用されませんので，雇用保険への加入手続は不要です。

　ただし，外国人技能実習生については，受入先の事業主と雇用関係が発生することから，その発生した日の属する月の翌月10日までに「雇用保険被保険者資格取得届」を，事業所の所在地を管轄するハローワークに提出する必要があります。

(2) 外国人雇用に関する届出

　上記(1)の雇用保険の対象外となる外国人であっても，日本の法人との間に雇用関係が発生していることから，雇用した日の属する月の翌月末日までに，外国人雇用状況届出書を事業所の所在地を管轄するハローワークに提出する必要があります（雇用対策法28条，雇用対策法施行規則10条，12条）。

　なお，雇用保険の被保険者となる外国人については，雇用保険被保険者資格届出書の備考欄に，在留資格，在留期間，国籍・地域等を記載することで，外国人雇用状況届を行ったことになります（雇用対策法施行規則10条）。

(2) 労災保険

　労災保険は，事業所単位で加入するものであるため，外国人に雇用関係が発生した時に特別な手続は必要ありません。

Q2 外国人が日本国外から給与の支払を受ける場合の取扱い

　外国人が，外国の法人（日本国外）から給与の支払を受ける場合，税務，社会保険，労働保険はどのような取扱いになりますか。

【概　要】

(1) 税務では，外国の法人（日本の法人とは別法人とし，本店・支店関係はないものとします。以下，本問において同様です）から支払を受ける給与のうち，課税されるものがある場合には，翌年3月15日までに確定申告を行う必要があります。

(2) 社会保険では，外国の法人（国内の適用事業所ではない海外の事業所に該当するものとします。以下，本問において同様です）から支給される給与は報酬等の対象外です。

(3) 外国の法人から日本の法人に派遣される外国人は，通常，雇用保険は適用されませんので，外国の法人から支払を受ける給与は，雇用保険には影響しません。

(4) 外国人に対して，出向先法人の日本の法人と，出向元法人である外国の法人の双方から給与の支給がある場合において，外国人が日本の法人の事業組織に組み入れられ，日本の法人の指揮監督を受けて労働に従事するときは，出向元法人の外国の法人で支払われている賃金も含めて労災保険料を計算します。

【解　説】

1　税　務

(1)　居住者（永住者または非永住者）の場合

　外国人が永住者または非永住者であり，その外国人が外国の法人（日本国

外）から給与の支払を受ける場合，通常，その給与は源泉徴収の対象になりません ので，永住者または非永住者は，それぞれの課税範囲となる所得のうち，外国の法人から支払を受けたものは，翌年3月15日までに所得税の確定申告を行う必要があります（所得税法120条，121条，所得税基本通達121−5）。

(2) 非居住者の場合

外国人が非居住者（日本に恒久的施設を有しない非居住者であるものとします。以下，本問において同様です）であり，その外国人が外国の法人から給与の支払を受ける場合，通常，その給与は源泉徴収の対象になりませんので，非居住者は，課税範囲となる国内源泉所得のうち，国外において支払を受けた給与等で所得税の源泉徴収の対象とならないものがある場合には，その給与等を含めたところで，翌年3月15日までに確定申告（所得税法172条による準確定申告）を行う必要があります（所得税法172条）。なお，外国の法人が日本国内に支店などの事業所を有する場合は，国内源泉所得となる給与は源泉徴収の対象とされ課税関係が完了するため，確定申告は不要です（所得税法164条，212条，213条，所得税基本通達164−1）。

2 社会保険

厚生年金および健康保険では，外国の法人から支給される給与は報酬等の対象外であるため，日本の法人（国内の適用事業所に該当するものとします。以下，本問において同様です）から支給される給与がある場合には，その給与をベースに標準報酬を計算します。

【図表3－1】外国人が日本の法人で勤務する場合の社会保険の適用関係

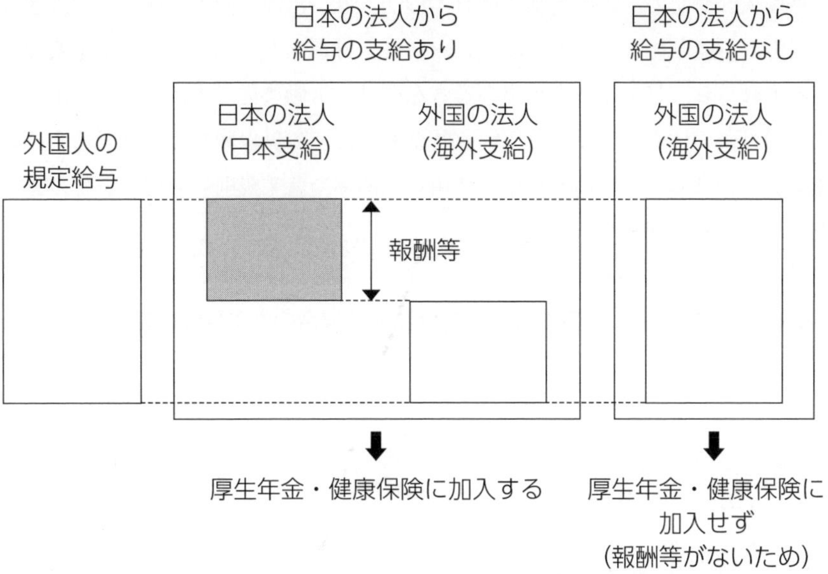

日本の法人から
給与の支給あり

日本の法人から
給与の支給なし

外国人の
規定給与

日本の法人
（日本支給）

外国の法人
（海外支給）

外国の法人
（海外支給）

報酬等

厚生年金・健康保険に加入する

厚生年金・健康保険に
加入せず
（報酬等がないため）

　日本の法人から外国人に給与が支給されない場合，日本の法人と外国人との間には使用関係はないものとして，厚生年金および健康保険に加入することができません。そのため，その外国人は，日本国内に住所を有することになる場合には国民年金（20歳以上60歳未満の者の場合）および国民健康保険に加入し，40歳以上の者については，介護保険にも加入することになります。

3　労働保険

(1)　雇用保険
　外国の法人から日本の法人に派遣される外国人は，通常，雇用保険は適用されませんので，外国の法人から支払を受ける給与は，雇用保険には影響しません。

(2) 労災保険

　外国人に対して，出向先法人の日本の法人と，出向元法人である外国の法人の双方から給与の支給がある場合において，外国人が日本の法人の事業組織に組み入れられ，日本の法人の指揮監督を受けて労働に従事するときは，出向元法人の外国の法人で支払われている賃金も含めて労災保険料を計算します。指揮監督（指揮命令）権の有無は，使用従属関係，就業規則の適用，賃金の支払などを考慮して判断されます。

【図表3－2】外国人が日本の法人で勤務する場合の労災保険の適用関係

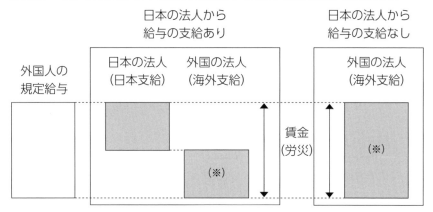

（※）外国人が日本の法人の事業組織に組み入れられ日本の法人の指揮監督を受けて労働に従事するとき

Q3　タックスイコライゼーション契約が締結されている場合の取扱い

　日本への赴任者についてタックスイコライゼーション契約が締結されている場合，税務，社会保険，労働保険はどのような取扱いになりますか。

【概　要】

(1)　タックスイコライゼーション契約が締結されている場合，ハイポタックス（赴任前の国で課されるべき税金や社会保険料相当額）控除後の給与手取額が給与所得の収入金額になり，会社が社員に代わり負担する税金や社会保険料は，その税金や社会保険料の納付額が給与所得の収入金額になります。ただし，日本の法人が，外国人に対して手取額が保証された給与の支払，税金や社会保険料の納付をする場合は，日本の法人は，その給与額およびその納付額を手取額としてグロス・アップ計算し，源泉徴収する必要があります。

(2)　タックスイコライゼーション契約により，会社に返還する税金や社会保険料は，支給済の給与の一部が返還されたものとなりますので，その返還日に，返還額を給与収入から減額することが可能だと考えられます。

(3)　タックスイコライゼーション契約が締結されている場合，ハイポタックス控除後の給与手取額が，社会保険の対象です。また，タックスイコライゼーション契約に基づき，日本で発生したその外国人の税金や社会保険料を日本の法人が納付した場合，その納付額は，社会保険の対象です。日本の法人が日本で発生したその外国人の税金や社会保険料の会社負担額を手取額としてグロス・アップ計算する場合には，グロス・アップした源泉税相当額も報酬等に該当します。

(4)　タックスイコライゼーション契約に基づき，還付された税金や返金された社会保険料を日本の会社に返還する場合，その返還された金額は，その返還日に，報酬等から減額することが可能だと思われます。

124

(5) タックスイコライゼーション契約が締結されている場合，ハイポタックス控除後の給与手取額が，労働保険の対象です。また，タックスイコライゼーション契約に基づき，日本で発生したその外国人の税金や社会保険料を会社が納付した場合，その納付額は，労働保険の対象です。さらに，日本の法人が日本で発生したその外国人の税金や社会保険料の会社負担額を手取額としてグロス・アップ計算する場合には，グロス・アップした源泉税相当額は労働保険の対象です。

(6) タックスイコライゼーション契約に基づき，還付された税金や返金された社会保険料を会社に返還する場合，その返還された金額は，その返還日に，賃金から減額することが可能だと思われます。

【解　説】

1　所得税の取扱い

　会社が社員を海外に赴任させる場合，赴任先の国・地域の税制や社会保障制度の違いによって有利・不利が生じないように，給与手取額を保証する仕組みが用いられています。具体的には，社員が赴任前の国・地域で引き続き勤務すると仮定した場合に支給される給与額から，その給与額に対して赴任前の国・地域で課されるべき税金や社会保険料相当額（ハイポタックス）を控除した金額を給与手取額としてその社員に支給し，赴任先の国・地域で発生する税金や社会保険料は会社が社員に代わり負担する方法が用いられます。この方法はタックスイコライゼーションといわれており，外国の法人（日本の法人とは別法人とし，本店・支店関係はないものとします。以下，本問において同様です）から日本の法人に派遣される外国人は，会社とタックスイコライゼーション契約を締結していることが多いようです。

【図表3－3】タックスイコライゼーションの概要

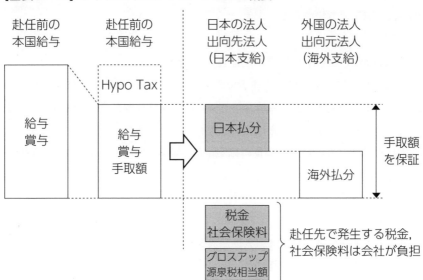

タックスイコライゼーション契約が締結されている場合，ハイポタックス控除後の給与手取額が給与所得の収入金額になり，会社が社員に代わり負担する税金や社会保険料は，その税金や社会保険料の納付額が給与所得の収入金額になります。

ただし，日本の法人が，外国人に対して手取額が保証された給与の支払，税金や社会保険料の納付をする場合は，日本の法人は，その給与額およびその納付額を手取額としてグロス・アップ計算し，源泉徴収する必要があります（所得税基本通達221－1，東京地判平5・3・11）。

一般的に，タックスイコライゼーション契約では，確定申告を行い税金が還付される場合や，社会保険が脱退一時金の請求により返金された場合，その還付された税金や返金された社会保険料は会社に返還することになっています。この返還された金額は，支給済の給与の一部が返還されたものとなりますので，その返還日に，給与収入から減額することが可能だと考えられます。

　外国の法人が，外国人に対して給与の支払や，税金や社会保険料を納付する場合は，以下の取扱いとなります。

(1) 居住者（永住者または非永住者）の場合

　外国人が永住者または非永住者であり，その外国人が外国の法人（日本国外）から給与の支払を受ける場合，通常，その給与は源泉徴収の対象になりませんので，永住者または非永住者の課税範囲となる所得のうち，外国の法人から支払を受けたものは，所得税の確定申告が必要です（所得税法120条，121条，所得税基本通達121－5）。

(2) 非居住者の場合

　外国人が非居住者（日本に恒久的施設を有しない非居住者であるものとします。以下，本問において同様です）であり，その外国人が外国の法人から給与の支払を受ける場合，通常，その給与は源泉徴収の対象になりませんので，非居住者の課税範囲となる国内源泉所得のうち，国外において支払を受けた給与等で所得税の源泉徴収の対象とならないものがある場合には，その給与等を含めたところで，翌年3月15日までに確定申告（所得税法172条による準確定申告）が必要です（所得税法172条）。なお，外国の法人が日本国内に支店などの事業所を有する場合には，国内源泉所得となる給与は源泉徴収の対象とされ課税関係が完了するため，確定申告は不要です（所得税法164条，212条，213条，所得税基本通達164－1）。

2　社会保険

　タックスイコライゼーション契約が締結されている場合，日本の法人（国内の適用事業所に該当するものとします）から支給されるハイポタックス控除後の給与手取額が，社会保険の対象です。

　また，タックスイコライゼーション契約に基づき，日本で発生したその外国人の税金や社会保険料を日本の法人が納付した場合，その納付額は，社会保険

の対象です。

　日本で発生したその外国人の税金や社会保険料は，現物給与のうち「食事で支払われる報酬等」や「住宅で支払われる報酬等」に該当せず，「その他の報酬等」に該当します。「その他の報酬等」は時価換算することとされていますので，日本で発生したその外国人の税金や社会保険料の会社負担額が報酬等に該当することになります。

　なお，日本の法人が日本で発生したその外国人の税金や社会保険料の会社負担額を手取額としてグロス・アップ計算する場合には，グロス・アップした源泉税相当額も報酬等に該当します。

　納付が毎月発生するものは通常の報酬に該当し，それ以外のものは，その納付回数に応じて，賞与に係る報酬または賞与に区分します。

　タックスイコライゼーション契約に基づき，還付された税金や返金された社会保険料を日本の法人に返還する場合，その返還された金額は，その返還日に，報酬等から減額することが可能だと思われます。

3　労働保険

　タックスイコライゼーション契約が締結されている場合，ハイポタックス控除後の給与手取額が，労働保険の対象です。

　また，タックスイコライゼーション契約に基づき，日本で発生したその外国人の税金や社会保険料を会社が納付した場合，その納付額は，労働保険の対象です。

　なお，日本の法人が日本で発生したその外国人の税金や社会保険料の会社負担額を手取額としてグロス・アップ計算する場合には，グロス・アップした源泉税相当額は労働保険の対象です。

　タックスイコライゼーション契約に基づき，還付された税金や返金された社会保険料を会社に返還する場合，その返還された金額は，その返還日に，賃金から減額することが可能だと思われます。

Q4 外国人が海外から海外上場株式の配当金の支払を直接受ける場合の取扱い

　外国人が，国内の証券会社などを通さず，海外から海外上場株式等の配当金の支払を直接受ける場合の税務の取扱いを教えてください。

【概　要】

(1)　海外の法人から受ける配当金に係る所得（配当所得）は，国外源泉所得に該当することから，外国人が，国内の証券会社などを通さず，海外上場株式の配当金の支払を直接受ける場合の取扱いは，所得税法上のステータス（永住者，非永住者，非居住者（日本に恒久的施設を有しない非居住者であるものとします。以下，本問において同様です））によって異なります。

(2)　海外の法人から受ける配当金に係る所得（配当所得）は，確定申告する必要があります。

　なお，海外の法人から受ける配当金には，確定申告不要制度は適用されず，確定申告にあたっては，総合課税または申告分離課税のいずれかの方法を選択することになります。

(3)　確定申告にあたって，総合課税を選択した場合でも，配当控除は適用されません。

(4)　確定申告にあたって，申告分離課税を選択した場合において，その外国人が，国内の証券会社などを通して譲渡した上場株式に係る譲渡損失を有するときは，その譲渡損失は，その申告分離課税を選択した海外上場株式の配当所得を限度として損益通算することが可能です。

【解　説】

1　所得税の取扱い

(1)　課税範囲と外国税額控除

　海外の法人から受ける配当金に係る所得（配当所得）は，国外源泉所得に該当することから（所得税法95条4項7号），外国人が，国内の証券会社などを通さず，海外で海外上場株式から配当金を受ける場合の取扱いは，所得税法上のステータス（永住者，非永住者，非居住者）別に，以下のとおりです。

①　永住者の場合

　永住者の課税範囲は全世界所得のため，外国人が永住者の場合，海外上場株式の配当金はすべて日本で課税されます。

　海外上場株式の配当金は，国外源泉所得に該当しますので，その配当金について海外で外国税額が課された場合には，外国税額控除を適用することができます（所得税法95条）。

②　非永住者の場合

　非永住者の課税範囲は以下のものです。

- 国外源泉所得以外の所得
- 国外源泉所得で国内において支払われたもの
- 国外源泉所得で国外から送金されたもの

　海外上場株式の配当金は，国外源泉所得に該当しますので，日本で支払われたものではなく，国外から日本国内への送金もないときは，その配当金は日本で課税対象外になり，その配当金が国外源泉所得として国外で課税される場合でも，二重課税は生じていないことから外国税額控除の適用はありません（所得税基本通達95-29）。ただし，その配当金のうち，国外から日本国内に送金されたものは日本で課税対象になりますので，その配当金が国外でも課税される

ときは，外国税額控除が適用されます（所得税法95条）。

③　非居住者

　非居住者の課税範囲は国内源泉所得です。

　海外上場株式の配当金は，非居住者の課税所得の範囲となる国内源泉所得には該当しないため，外国人が非居住者の場合，その配当金は日本で課税されません（所得税法161条）。

(2)　確定申告

①　総合課税（原則）

　居住者（永住者または非永住者）が，国内の証券会社などを通さず海外で海外上場株式の配当金を受けた場合において，その株式の配当金について日本で課税されるときは，その海外上場株式の配当金に係る配当所得は，原則として総合課税となりますので，他の所得と併せて申告する必要があります（所得税法24条）。

②　確定申告不要制度の不適用

　居住者（永住者または非永住者）が，海外上場株式の配当金を国内の証券会社などを通して受けた場合に，その配当金について，その支払の際に源泉税が徴収されるときは，その配当金に係る配当所得を確定申告しないことが可能です（確定申告不要制度）（措置法8条の5第1項，9条の2第2項・5項）。

　しかし，居住者（永住者または非永住者）が，海外上場株式の配当金を海外の証券会社などを通して受けた場合に，その配当金について，その支払の際に源泉税が徴収されませんので，確定申告不要制度の適用を受けることはできません。

③　申告分離課税制度

　居住者（永住者または非永住者）が，海外上場株式の配当金を受けた場合に

は，その配当金に係る配当所得は，他の所得と区分して申告（申告分離課税）することができます（措置法8条の4，37条の11第1項・2項，措置法施行令25条の9第2項）。この申告分離課税制度は，海外上場株式の配当金を，国内の証券会社などを通さずに受けた場合でも適用されます。

(3)　配当控除の不適用

　居住者（永住者または非永住者）が，配当金に係る配当所得を有する場合には，その年分の所得税額から一定の方法で計算した金額を控除すること（配当控除）が可能ですが，外国法人から受ける配当金については，この配当控除は適用されません（所得税法92条1項）。

(4)　上場株式の譲渡損失と申告分離課税を選択した上場株式の配当金との損益通算

　居住者（永住者または非永住者）が，上場株式に係る譲渡損失を有する場合には，その譲渡損失は，申告分離課税を選択した上場株式等の配当所得を限度として損益通算することができる特例があります（措置法37条の12の2第1項）。

　この特例は，金融商品取引業者への売委託などにより上場株式を譲渡した場合の譲渡損失に限られることから，居住者である外国人が，国内の証券会社などを通さずに海外上場株式を譲渡した場合の譲渡損失には適用されません。しかし，申告分離課税を選択した上場株式等の配当所得には，国内の証券会社などを通さずに受けた配当金に係る配当所得も含まれるため，居住者である外国人が，海外上場株式の配当金について申告分離課税を選択した場合において，その外国人が，国内の証券会社などを通して譲渡した上場株式に係る譲渡損失を有するときは，その譲渡損失は，その申告分離課税を選択した海外上場株式の配当所得を限度として損益通算することが可能です（措置法37条の12の2第2項）。

(5)　為替レート

　居住者（永住者または非永住者）が外貨建取引を行った場合には，その外貨建取引の金額の円換算額は，その外貨建取引を行った時における外国為替の売買相場により換算した金額として，各種所得を計算することとされています（所得税法57条の3第1項）。

　その外貨建取引の換算に用いる為替レートは，外貨建の取引を計上すべき日（取引日）における電信売相場（TTS）と電信買相場（TTB）との仲値（TTM）によるものとし，そのTTB，TTS，TTMは，原則としてその個人の主たる取引金融機関のものによるが，継続適用を条件として，新聞等で公表されている合理的な為替レートを使用することができるとされています（所得税基本通達57の3－2）（三又修＝樫田明＝一色広己＝石川雅美共編『所得税基本通達逐条解説（平成29年版）』（大蔵財務協会，2017年））。

　海外上場株式は，無記名の株式であると考えられますので，その株式に係る配当金は支払を受けた日に計上することになり，その配当金が外貨建で支払われた場合には，その配当金は，現実にその配当金の支払を受けた日におけるその外貨に係るTTMにより円換算することになります。

(6)　為替差損益

　海外上場株式に係る配当金を受け取り，その配当金相当の外貨建通貨を直ちに円換算せずに当面の間，保有しているような場合には，その通貨を他の通貨に交換したときに，その通貨の取得時の円換算額と交換時の円換算額との間に差額（為替差損益）が生じることになります。その保有する外貨建通貨の金額が大きい場合には，為替差損益も大きくなる傾向がありますので，為替差益が生じた場合には，雑所得として申告する必要があります。

　なお，外貨建通貨を外国の金融機関に保有している場合，その外貨建通貨に係る為替差損益は国外源泉所得になると考えられます。

　そのため，非永住者については，国外から日本国内に送金がなければ，その為替差益は日本で課税対象外になり，非居住者については，その為替差益は，

国内源泉所得に該当しませんので，日本で課税対象外になると考えられます。

【図表3－4】海外上場株式の配当金

課税の方法／特例		配当金の受取方法	
		国内の証券会社等を経由	国内の証券会社等を経由しない
申告方法		原則：総合課税 特例：申告分離課税 （選択可能）	原則：総合課税 特例：申告分離課税 （選択可能）
確定申告不要制度		選択可能	選択不可 （源泉徴収されない ため）
配当控除 （総合課税選択時）		適用不可	適用不可
上場株式の譲渡損失との損益通算（申告分離課税選択時）	国内の証券会社等を経由して譲渡した上場株式の譲渡損失	可能	可能
	国内の証券会社等を経由せず譲渡した上場株式の譲渡損失	不可	不可

Q5　外国人が海外で海外上場株式を売却する場合の取扱い

　外国人が，国内の証券会社などを通さず，海外で海外上場株式を売却（外国金融商品市場において譲渡）する場合の税務の取扱いを教えてください。

【概　要】..

(1)　従来，海外の株式（外国法人が発行する株式）の譲渡により生ずる所得（譲渡所得）は，国外源泉所得とされていましたが，平成29（2017）年1月1日以降は，海外上場株式の譲渡所得は，租税条約，租税協定の規定により相手国等において外国所得税が課税されない限り，国外源泉所得には該当しないことになりました。

(2)　外国人が海外上場株式を譲渡することにより生ずる所得の取扱いは，所得税法上のステータス（永住者，非永住者，非居住者（日本に恒久的施設を有しない非居住者であるものとします。以下本問において同様です））によって異なります。

(3)　居住者である永住者または非永住者が，国内の証券会社などを通さず海外で海外上場株式を譲渡した場合において，その株式の譲渡益について日本で課税されるときは，その海外上場株式に係る譲渡所得は，「上場株式等に係る譲渡所得等の金額」に区分し，他の所得と区分して申告（申告分離課税）することになります。

(4)　居住者である外国人が，国内の証券会社などを通さずに譲渡した海外上場株式に係る譲渡損失は，その外国人が申告分離課税を選択した上場株式等の配当所得を有する場合でも，その配当所得と損益通算することはできません。

(5)　居住者である外国人が，国内の証券会社などを通さずに譲渡した海外上場株式に係る譲渡損失には，その譲渡損失が生じた年以降，最大で3年間にわたって繰越控除することができる特例は適用されません。

【解　説】

1　所得税の取扱い

(1)　課税範囲と外国税額控除

　従来，海外の株式（外国法人が発行する株式）の譲渡により生ずる所得（譲渡所得）は，国外源泉所得とされていましたが，平成29（2017）年1月1日以降は，海外の株式の譲渡所得は，以下のものが国外源泉所得に該当するものとされました（所得税法95条4項3号・16号，所得税法施行令225条の4第1項4～7号，225条の13）。

---

①　外国法人の発行する株式で，発行済株式の総数または総額の一定割合以上に相当する数または金額の株式を所有する場合にその外国法人の本店等の所在する所在国等においてその譲渡所得に対して外国所得税が課されるもの

②　不動産関連法人（保有する資産の総額のうち国外土地等が50％以上である法人）の株式

③　国外にあるゴルフ場の所有等に係る法人の株式を所有することが，ゴルフ場を一般の利用者より有利な条件で継続的に利用する権利を有する者となるための要件とされている株式

④　租税条約，租税協定により相手国等において租税を課することができる所得

　海外上場株式は，一般的に，上記①，②，③には該当しませんので，海外上場株式の譲渡所得は，租税条約，租税協定の規定により相手国等において外国所得税が課税されない限り，国外源泉所得には該当しないことになりました。

　外国人が海外上場株式を譲渡することにより生ずる所得の取扱いは，所得税法上のステータス（永住者，非永住者，非居住者）別に，以下のとおりです。

①　永住者の場合

　永住者の課税範囲は全世界所得のため，外国人が永住者の場合，海外上場株式の譲渡益はすべて日本で課税されます。

　海外上場株式の譲渡所得は，租税条約，租税協定に基づき相手国等において

外国所得税が課税されない限り，国外源泉所得には該当しません。そのため，その海外上場株式の譲渡所得について海外で外国税が課される場合でも，租税条約，租税協定が株式譲渡益について源泉地国課税であることにより，相手国で外国税が課されるものでない限り，外国税額控除を適用することができません（所得税法95条）。

② 非永住者の場合

非永住者の課税範囲は以下のものです。

> • 国外源泉所得以外の所得
> • 国外源泉所得で国内において支払われたもの
> • 国外源泉所得で国外から送金されたもの

ア 平成29（2017）年3月31日まで

外国人が非永住者の場合，海外上場株式の譲渡所得は，国外源泉所得以外の所得として課税範囲に含まれます。

ただし，租税条約，租税協定の規定が，株式譲渡益について源泉地国課税となる場合には，株式譲渡益は国外源泉所得になるため，日本で支払われたものがなく，国外から日本国内へ送金されたものもない場合には，その株式譲渡益は日本で課税対象外となります。

そのため，その株式譲渡益が国外で課税される場合でも，日本で支払われたものではなく，国外から日本国内へ送金されたものもないときは，二重課税は生じませんので外国税額控除の適用はありません（所得税基本通達95-29）。ただし，その株式譲渡益のうち国内において支払われたものや国外から日本国内に送金されたものは日本で課税対象になりますので，その株式譲渡益が国外でも課税されるときは，外国税額控除が適用されます（所得税法95条）。

イ 平成29（2017）年4月1日以降

平成29（2017）年度税制改正で，非永住者の課税所得の範囲が改正され，平

成29（2017）年4月1日以降は，海外上場株式のうち，以下のものの譲渡により生じる所得は国外源泉所得となりました（所得税法施行令17条1項）。

- 譲渡日前10年以前に取得したもの
- 譲渡日以前10年以内で，永住者であったまたは非居住者であった期間に取得したもの

したがって，海外上場株式のうち，譲渡日以前10年以内で，非永住者であった期間に取得したもの^{（※）}の譲渡により生じる所得が，国外源泉所得以外の所得として課税範囲に含まれることになります。

（※） 過去に複数回取得した海外上場株式を譲渡する場合，その株式の取得日は，先に取得したものから順次譲渡するものとして，上記の取得日を判定します（所得税法施行令17条2項）。

ただし，租税条約，租税協定の規定が，株式譲渡益について源泉地国課税となる場合には，株式譲渡益は国外源泉所得になるため，日本で支払われたものがなく，国外から日本国内へ送金されたものもない場合には，その株式譲渡益は日本で課税対象外となります。

そのため，その株式譲渡益が国外で課税される場合でも，日本で支払われたものではなく，国外から日本国内へ送金されたものもないときは，二重課税は生じませんので外国税額控除の適用はありません（所得税基本通達95－29）。ただし，その株式譲渡益のうち国内において支払われたものや国外から日本国内に送金されたものは日本で課税対象になりますので，その株式譲渡益が国外でも課税されるときは，外国税額控除が適用されます（所得税法95条）。

138

【図表3－5】海外上場株式の譲渡所得

| | 譲渡日前10年以前に取得 | 譲渡日以前10年内に取得 | |
		非永住者期間以外 （永住者期間/ 非居住者期間）	非永住者期間
改正前	国外源泉所得以外の 所得（課税）	国外源泉所得以外の 所得（課税）	国外源泉所得以外の 所得（課税）
改正後	国外源泉所得 （国内払/国内送金以外 は課税対象外）	国外源泉所得 （国内払/国内送金以外 は課税対象外）	国外源泉所得以外の 所得（課税）

(参考：財務省平成29（2017）年度税制改正の解説)

ウ　非居住者

非居住者の課税範囲は国内源泉所得です。

海外上場株式の譲渡所得は，非居住者の課税所得の範囲となる国内源泉所得には該当しないため，外国人が非居住者の場合，その所得は日本で課税されません（所得税法161条）。

(2)　確定申告

居住者（永住者または非永住者）が，国内の証券会社などを通さず海外で海外上場株式を譲渡した場合において，その株式の譲渡益について日本で課税されるときは，その海外上場株式に係る譲渡所得は，「上場株式等に係る譲渡所得等の金額」に区分し，他の所得と区分して申告（申告分離課税）することになります（措置法37条の11第1項・2項，措置法施行令25条の9第2項）。

(3)　上場株式の譲渡損失と申告分離課税を選択した上場株式の配当所得との損益通算

居住者（永住者または非永住者）が，上場株式に係る譲渡損失を有する場合には，その譲渡損失は，申告分離課税を選択した上場株式等の配当所得を限度

として，損益通算することができる特例があります（措置法37条の12の2第1項）。

　この特例は，金融商品取引業者への売委託などにより上場株式を譲渡した場合に限られることから，居住者である外国人が，国内の証券会社などを通さずに海外で海外上場株式を譲渡した場合の譲渡損失には，適用されません。したがって，居住者である外国人が，国内の証券会社などを通さずに譲渡した海外上場株式に係る譲渡損失は，その外国人が申告分離課税を選択した上場株式等の配当所得を有する場合でも，その配当所得と損益通算することはできません（措置法37条の12の2第2項）。

(4)　上場株式の譲渡損失の繰越控除

　確定申告書を提出する居住者（永住者または非永住者）が，上場株式に係る譲渡損失を有する場合，その譲渡損失は，その譲渡損失が生じた年以降，最大で3年間にわたって繰越控除することができる特例があります（措置法37条の12の2第5項）。しかし，この特例は，金融商品取引業者への売委託などにより上場株式を譲渡した場合に限られることから，居住者である外国人が，国内の証券会社などを通さずに譲渡した海外上場株式に係る譲渡損失には，この特例は適用されません（措置法37条の12の2第6項）。

(5)　為替レート

　居住者（永住者または非永住者）が外貨建取引を行った場合には，その外貨建取引の金額の円換算額は，その外貨建取引を行った時における外国為替の売買相場により換算した金額として，各種所得を計算することとされています（所得税法57条の3第1項）。

　その外貨建取引の換算に用いる為替レートは，外貨建の取引日における電信売相場（TTS）と電信買相場（TTB）との仲値（TTM）によるものとされていますが（所得税基本通達57の3-2），外国株式を外国金融商品市場で売買する場合の換算に用いる為替レートは，売却については，その売却契約日の

TTBにより，取得については，その取得契約日のTTSによることになります（措置法通達37の10・37の11共－6）。

　したがって，海外で海外上場株式を売却する場合には，その外貨建の株式の譲渡代金は，その株式の売却契約日におけるその外貨に係るTTBにより円換算することになります。なお，その売却した海外上場株式に係る取得価額は，その株式の取得契約日におけるその外貨に係るTTSにより円換算することになります。

(6)　為替差損益

　海外上場株式を売却し，売却代金相当の外貨建通貨を直ちに円換算せずに当面の間，保有しているような場合には，その通貨を他の通貨に交換したときに，その通貨の取得時の円換算額と交換時の円換算額との間に差額（為替差損益）が生じることになります。その保有する外貨建通貨の金額が大きい場合には，為替差損益も大きくなる傾向がありますので，為替差益が生じた場合には，雑所得として申告する必要があります。

　なお，外貨建通貨を外国の金融機関に保有している場合，その外貨建通貨に係る為替差損益は国外源泉所得になると考えられます。

　そのため，非永住者については，国外から日本国内に送金がなければ，その為替差益は日本で課税対象外になり，非居住者については，その為替差益は，国内源泉所得に該当しませんので，日本で課税対象外になると考えられます。

【図表3－6】海外上場株式の譲渡

課税の方法／特例	株式の譲渡方法	
	国内の証券会社等を経由	国内の証券会社等を経由しない
申告方法	申告分離課税	申告分離課税
申告分離課税した上場株式の譲渡益との損益通算	可能	可能
申告分離課税した上場株式の配当所得との損益通算	可能	不可
上場株式の譲渡損失の繰越控除	可能	不可

■**参考条文等**

　租税条約，租税協定で，株式譲渡益（不動産化体，事業譲渡類似株式，破綻金融機関の株式以外の株式の譲渡益）が源泉地国・地域で課税される国・地域

> イスラエル／インド／エジプト／カナダ／スリランカ／旧ソ連邦（ロシア等に分割された15国のうちロシア，バルト三国（リトアニア，ラトビア，エストニア）を除いた国）／中国／トルコ／ノルウェー／バングラデシュ／ブルガリア／マレーシア／南アフリカ／ルクセンブルク

Q6　外国人の子女教育費用の取扱い

　会社が負担する外国人の子女教育費用の税務，社会保険，労働保険の取扱いを教えてください。

【概　要】

(1)　会社が外国人の子女教育費用に充てるための金品を支給する場合，その金品は外国人に対する給与として課税されます。

(2)　日本の法人が外国人の子女教育費用を支給する場合は，その子女教育費用額を手取額としてグロス・アップ計算し，源泉徴収する必要があります。

(3)　外国の法人（日本の法人とは別法人とし，本店・支店関係はないものとします。以下，本問において同様です）から子女教育費用に充てるための金品の支払を受けた場合は，翌年3月15日までに所得税の確定申告（非居住者（日本に恒久的施設を有しない非居住者であるものとします。以下，本問において同様です）の場合は所得税法172条による準確定申告）を行う必要があります。

(4)　アメリカンスクール等（いわゆるインターナショナルスクール）が定めた「寄付金募集要項」に基づき，その学校に対して会社が寄附することによってその会社に勤務する役職員の子女が無償で就学することによって受ける経済的利益は，その経済的利益の発生の経緯等からみて，しいて課税しないとされた事例があるため，その事例に該当する場合には，給与として課税されません。

(5)　日本の法人が外国人の子女教育費用を負担する場合，その費用は基本的には給与として損金算入することになりますが，外国人が役員である場合は，その費用の負担額が毎月おおむね一定額であるものに限り，損金算入されることになります。

(6)　アメリカンスクール等への寄附金は，法人税法上の寄附金として一定限度を超える部分は損金不算入になりますが，アメリカンスクール等が特定公

益増進法人に該当する場合には，上記の寄附金とは別に寄附金の限度額が計算されます。

(7) 日本の法人（国内の適用事業所に該当するものとします。以下，本問において同様です）が外国人の子女教育費用を負担する場合，その費用は，社会保険の対象です。

(8) 日本の法人が外国人の子女教育費用の会社負担額を手取額としてグロス・アップ計算する場合には，グロス・アップした源泉税相当額も報酬等に該当します。

(9) 会社が負担するアメリカンスクール等への寄附金は，社会保険の対象外です。

(10) 日本の法人が外国人の子女教育費用を負担する場合，その費用は，労働保険の対象です。

(11) 日本の法人が外国人の子女教育費用の会社負担額を手取額としてグロス・アップ計算する場合には，グロス・アップした源泉税相当額は労働保険の対象です。

(12) 会社が負担するアメリカンスクール等への寄附金は，労働保険の対象外です。

【解　説】

1　所得税の取扱い

(1)　会社が負担する外国人の子女教育費用

会社が外国人の子女教育費用に充てるための金品を支給する場合，その外国人が個人的に負担すべきものを会社が肩代わりして負担していることから，その金品は，その外国人に対する給与として課税されます（所得税法36条1項）。

なお，日本の法人が外国人の子女教育費用を支給する場合は，その子女教育費用額を手取額としてグロス・アップ計算し，源泉徴収する必要があります（所得税基本通達181〜223共−4）。

　外国の法人がその子女教育費を支給する場合，通常，その給与は源泉徴収の対象になりませんので，外国の法人から支払を受けたものは，翌年3月15日までに所得税の確定申告（非居住者の場合は所得税法172条による準確定申告）を行う必要があります（所得税法120条，121条，所得税基本通達121−5，所得税法172条）。

(2)　アメリカンスクール等の寄附金募集

　アメリカンスクールが定めた「寄付金募集要項」に基づき，その学校に対して会社が寄附することによってその会社に勤務する役職員の子女が無償で就学することによって受ける経済的利益は，その経済的利益の発生の経緯等からみて，しいて課税しないとされた事例があります（直審3−68昭和53年4月6日）。したがって，会社がアメリカンスクール等に対して寄附を行っている場合には，上記の事例に該当する寄附かどうかを確認する必要があります。

　なお，税務当局が，無償で就学することによって受ける経済的利益について課税しないことを認めたアメリカンスクールの寄附金プランの具体的な内容および状況は，以下のとおりです。

① 寄付金を募集する目的は，従来，学校の運営費を授業料のほか一般からの寄付金等により賄っていたものを，寄付金募集の範囲を拡大し，運営費の充実を図るものである。

② 上記①の目的を達成するため，日本およびアメリカにおいて寄付金を募集するが，募集促進の誘因措置として寄付に応募する会社等（日本におけるその子会社等を含む）について，そこに勤務する役職員等の子女が，通学する場合には，授業料を免除する措置を講じる。

③ 寄付金総額は，学校の学年度における運営費予算額を基準としてその予算の策定の際，寄付金募集委員会の議を経て見積る。

④ 寄付金は，1口当たり一定額とし，会社の規模，所属外国従業員の数，従来の寄付実績等を勘案し，寄付金募集委員会で寄付金応募希望口数を予定の上，会社等に寄付金応募方を要請し，応募の促進を図る。

⑤　スカラーシップ用寄付金は，外国人を雇用する外国会社の本店，日本支店，日本におけるその子会社等に応募を要請する。

⑥　スカラーシップ用寄付金は，寄付金募集委員会が，学校に通学するその会社の役職員等の子女の数と関係なく，会社ごとにその会社の規模，所属外国従業員の数，従来の寄付実績等を勘案して，応募口数を定める。

⑦　上記により要請した口数以上のスカラーシップ用寄付金の寄付に応じた会社については，その所属役職員等の子女の授業料を免除する。

⑧　上記⑦のような措置をとったとしても，寄付はあくまで寄付であり，徴収すべき授業料の額とは直接関係ない。

⑨　寄付に応募してもらう会社は，従来も寄付を受けていた会社で，引き続いてこれまでに準じた寄付の応募を期待するほか，寄付の追加を要請するものであり，2年間は据え置く予定である。

⑩　授業料の免除については，次のような事情がある。

- 在日外国人役職員等の子女は，本来であれば本国において公立学校に通学することもできるのであるが，当該役職員等の勤務の都合上やむを得ず，当校に通学せざるを得ない事情にあること
- 在日外国人役職員等の子女は，言語の異なる日本の公立の学校に通学することが困難であり，やむを得ず当校に通学せざるを得ない事情にあること
- 当校の運営費の一部は，在日外国人役職員等の所属する会社等の寄付によって賄われますが，その寄付金の額は，その子女の授業料免除とは直接関係なく決定されるものであること

2　法人税の取扱い

(1)　会社が負担する外国人の子女教育費用

　日本の法人が外国人の子女教育費用を負担する場合，その費用は基本的には給与として損金算入することになりますが，外国人が役員である場合は，その費用の負担額が毎月おおむね一定額であるものに限り，損金算入されることになります（法人税法34条，法人税法施行令69条1項2号）。

　なお，子女が通学する学校の学費を，数カ月分をまとめて一括で支払う場合でも，費用の負担額が毎月おおむね一定のものであるときは，定期同額給与に

該当し，損金算入されるものと考えます（法人税基本通達9－2－11）。佐藤友一郎編著『法人税基本通達逐条解説（九訂版）』（税務研究会出版局，2019年）の解説では「「その供与される利益の額が毎月おおむね一定」かどうかは，法人が負担した費用の支出時期によるのではなく，その役員が現に受ける経済的利益が毎月おおむね一定であるかどうかにより判定することになる。したがって，上記のように，法人の負担した費用が，その購入形態や支払形態により毎月支出するものでない場合であっても，当該役員が供与を受ける経済的利益が毎月おおむね一定であるときは，定期同額給与に該当する」とされています）。

(2)　アメリカンスクール等への寄附金

　アメリカンスクール等への寄附金は，法人税法上の寄附金として一定限度を超える部分は損金不算入になりますが（法人税法37条1項），アメリカンスクール等が特定公益増進法人に該当する場合には，上記の寄附金とは別に寄附金の限度額が計算されます（法人税法37条4項）。

3　社会保険の取扱い

(1)　会社が負担する外国人の子女教育費用

　日本の法人が外国人の子女教育費用を負担する場合，その費用は，社会保険の対象です。

　外国人の子女教育費用は，現物給与のうち「食事で支払われる報酬等」や「住宅で支払われる報酬等」に該当せず，「その他の報酬等」に該当します。「その他の報酬等」は時価換算することとされていますので，外国人の子女教育費用の会社負担額が報酬等に該当することになります。なお，日本の法人が外国人の子女教育費用の会社負担額を手取額としてグロス・アップ計算する場合には，グロス・アップした源泉税相当額も報酬等に該当します。

　毎月費用を負担するものは通常の報酬に該当し，それ以外のものは，その納付回数に応じて，賞与に係る報酬または賞与に区分します。

(2) アメリカンスクール等への寄附金

　会社が負担するアメリカンスクール等への寄附金は，社会保険の対象外です。

4　労働保険の取扱い

(1) 会社が負担する外国人の子女教育費用

　会社が外国人の子女教育費用を負担する場合，その費用は，労働保険の対象です。

　なお，日本の法人が外国人の子女教育費用の会社負担額を手取額としてグロス・アップ計算する場合には，グロス・アップした源泉税相当額は労働保険の対象です。

(2) アメリカンスクール等への寄附金

　会社が負担するアメリカンスクール等への寄附金は，労働保険の対象外です。

【図表3−7】外国人の子女教育費用の税務・社会保険・労働保険

項　目	所得税	法人税	社会保険	労働保険
子女教育費	課税	損金算入 （役員は費用の負担額が毎月おおむね一定の場合のみ）	対象	対象
子女教育費に係るグロス・アップ源泉税相当額	課税	損金算入 （役員は毎月おおむね一定の場合のみ）	対象	対象
アメリカンスクールの寄附金プラン	非課税	寄附金として一定限度を超える部分は損金不算入	対象外	対象外

Q7　外国人に社宅を供与する場合等の取扱い

　会社が外国人に社宅を供与する場合，税務，社会保険，労働保険はどのような取扱いになりますか。また，会社が社宅の水道光熱費，駐車場料金，家具リース料を負担する場合，税務，社会保険，労働保険はどのような取扱いになりますか。

【概　要】

(1)　会社が役員または従業員に社宅を供与する場合，一定の方法により計算した家賃相当額を経済的利益の額として課税する必要があります。

(2)　会社が社宅の水道光熱費，駐車場料金，家具リース料を負担する場合，それらは個人的な事情による費用に充てるための金品を支給することになりますので，会社が負担する額は経済的利益の供与として給与課税されます。

(3)　日本の法人がそれらの費用を負担する場合，その負担額を手取額としてグロス・アップ計算し，源泉徴収する必要があります。

(4)　日本の法人（国内の適用事業所に該当するものとします。以下，本問において同様です）が供与する社宅は社会保険の対象になり，厚生労働大臣が定める現物給与の価額に定められた都道府県別の価額に基づき計算した金額が対象額になります。役員または従業員から社宅使用料を徴収している場合は，社宅使用料を差し引いた残額が対象額になります。

(5)　日本の法人が負担する社宅の水道光熱費，駐車場料金，家具リース料も，社会保険の対象になり，会社負担額が報酬等に該当します。

(6)　日本の法人がグロス・アップした源泉税相当額は，社会保険の報酬等に該当します。

(7)　会社が供与する社宅は，原則として福利厚生施設とされ，社宅の供与による経済的利益は労働保険の対象外です。ただし，住宅を供与されない者に対して均衡給与が支給される場合は，均衡給与相当額が労働保険の対象です。

(8)　社宅を供与されない者に対して均衡給与が支給されている場合であっても，社宅が供与される者から実家賃相当額の3分の1超の金額を住居の借料として徴収する場合には，賃金に該当しません。徴収する金額が実家賃相当額の3分の1以下である場合には，その徴収金額と実際費用の3分の1との差額部分は，賃金とされます。

(9)　会社がグロス・アップした源泉税相当額は，賃金の対象です。

【解　説】

1　所得税の取扱い

　会社が役員または従業員に社宅を供与する場合，それぞれ以下の方法により計算した家賃相当額（以下「法定家賃」とします）を経済的利益の額として課税する必要があります（所得税法施行令84条の2，所得税基本通達36-40，36-41，36-45）。

(1)　役員の場合

　法定家賃は，以下の方法により計算します。

① 　**小規模な住宅（木造家屋（法定耐用年数が30年以下の住宅用の建物。以下，本問において同様です）：床面積132㎡以下，木造家屋以外（法定耐用年数が30年超の住宅用の建物。以下，本問において同様です）：99㎡以下）の場合**

$$\text{法定家賃} = \text{その年度の家屋の固定資産税の課税標準} \times 0.2\% + 12\text{円} \times \frac{\text{当該家屋の総床面積（㎡）}}{3.3（㎡）} + \text{その年度の敷地の固定資産税の課税標準額} \times 0.22\%$$

　固定資産税の課税標準額は，固定資産評価証明書を入手することで把握することができます。固定資産評価証明書は，借上社宅の場合は，借家人も請求す

ることが可能ですが，借上社宅ごとにその証明書を取得するのは手間がかかることから，実務上，法定家賃を支払家賃額の10％〜20％の範囲内で設定しておけば，問題ないレベルとされているようです（以下，⑵において同じです）。

　床面積は，1世帯として使用する部分の床面積により判定するため，専用部分の床面積だけではなく，共用部分の床面積についても，使用部分を適宜見積って含める必要があるとされています（三又修＝樫田明＝一色広己＝石川雅美共編『所得税基本通達逐条解説（平成29年版）』（大蔵財務協会，2017年）351頁。以下，②，③，⑵において同様です）。

　法定家賃の計算上，共益費や管理費は支払家賃に含めますが，駐車場代は，共益費や管理費とは性質が異なるため，支払家賃に含めることはできません。そのため会社が駐車場代を負担する場合は，その駐車場代が経済的利益の額として課税する必要があります（以下，②，③，⑵において同様です）。

②　小規模以外の住宅（木造家屋：床面積132㎡超，木造家屋以外：99㎡超）の場合

法定家賃＝$\{$その年度の家屋の固定資産税の課税標準額×12％（木造家屋以外の家屋については10％）＋その年度の敷地の固定資産税の課税標準額×6％$\}$×$\frac{1}{12}$
（＜「借上社宅の支払家賃の50％」の場合には「支払家賃の50％」）

　通常，支払家賃の50％が上記の算式による金額を超えることが多いため，実務上，役員の法定家賃は，支払家賃額の50％で設定されます。

③　豪華社宅の場合

法定家賃＝通常支払うべき家賃

　役員に貸与した住宅が，豪華社宅に該当する場合は，上記①，②の取扱いは認められないため，法定家賃は，通常支払うべき家賃とされます。
　豪華社宅に該当するかどうかは，家屋の床面積が240㎡を超えるもののうち，

当該住宅等の取得価額，支払賃貸料の額，内外装その他の設備の状況等を総合勘案して判定します。なお，床面積が240㎡以下であっても，通常の住宅にないプールなどの設備や役員個人の嗜好が著しく反映された設備がある住宅は，豪華社宅に該当します。

(2)　従業員の場合

法定家賃は，以下の方法により計算します。

$$法定家賃 = \{その年度の家屋の固定資産税の課税標準額 \times 12\% (木造家屋以外の家屋については10\%) + その年度の敷地の固定資産税の課税標準額 \times 6\%\} \times \frac{1}{12}$$

従業員の場合は，従業員から徴収する社宅使用料が法定家賃の50％以上であれば，法定家賃と社宅使用料の差額は，経済的利益がないものとして課税されません（所得税基本通達36-47）。

上記の法定家賃は，戦後の地代家賃統制令を基準として定められたものであるため，現在の家賃相場と比較するとかなり低い水準になっています。税務上，社宅は，業務の遂行上の必要性や福利厚生目的により役員または従業員に供与されるものであり，社宅の選択や供与の必要性などは会社が判断すべきものとされていますので，役員または従業員が，自らの希望で社宅を選択することは認められず，また，会社が役員または従業員に借上社宅を供与していても，役員または従業員が，その社宅の敷金，礼金，仲介手数料を負担している場合には，税務上の社宅には該当しないとされていますので，注意が必要です。

会社が社宅の水道光熱費，駐車場料金，家具リース料を負担する場合，それらは個人的な事情による費用に充てるための金品を支給することになりますので，会社が負担する額は経済的利益の供与として給与課税されます（所得税法36条1項）。

なお，日本の法人が上記の費用を負担する場合，その負担額を手取額としてグロス・アップ計算し，源泉徴収する必要があります（所得税基本通達221-1）。

2　社会保険の取扱い

　日本の法人が供与する社宅は社会保険の対象です。ただし，社宅は，厚生労働大臣が定める現物給与の価額に定められた都道府県別の価額に基づき計算した金額が対象額になります。役員または従業員から，社宅使用料を徴収している場合は，社宅使用料を差し引いた残額が対象額になります。

　日本の法人が負担する社宅の水道光熱費，駐車場料金，家具リース料も，社会保険の対象です。社宅の水道光熱費，駐車場料金，家具リース料は，現物給与のうち「食事で支払われる報酬等」や「住宅で支払われる報酬等」に該当せず，「その他の報酬等」に該当します。「その他の報酬等」は時価換算することとされていますので，水道光熱費，駐車場料金，家具リース料の会社負担額が報酬等に該当することになります。

　なお，日本の法人が社宅の水道光熱費，駐車場料金，家具リース料の会社負担額を手取額としてグロス・アップ計算する場合には，グロス・アップした源泉税相当額も報酬等に該当します。

　社宅家賃，水道光熱費，駐車場料金，家具リース料は，通常，毎月負担することから，報酬に区分されます。

3　労働保険の取扱い

　会社が供与する社宅は，原則として福利厚生施設とされ，社宅の供与による経済的利益は労働保険の対象外です。ただし，住宅を供与されない者に対して均衡給与（社宅を供与される者との均衡上設けられる住宅手当など）が支給される場合は，均衡給与相当額が労働保険の対象です。

　なお，労働保険では，実物給与について実費の3分の1超を徴収する場合には，賃金とはされないことから，社宅を供与されない者に対して均衡給与が支給されている場合であっても，社宅が供与される者から実家賃相当額の3分の1超の金額を住居の借料として徴収する場合には，福利厚生施設とみなされ，賃金に該当しません。徴収する金額が実家賃相当額の3分の1以下である場合

には，その徴収金額と実際費用の3分の1との差額部分は，賃金とされます（昭22・12・9基発第452号）。

【図表3－8】労働保険の社宅の取扱い

均衡給与	労働者からの徴収金額	労働保険
支給なし	徴収の有無は無関係	対象外
支給あり	徴収なし	対象 賃金＝均衡給与相当額
	実家賃相当額の1/3以下	対象 賃金＝「実家賃相当額」×1/3－徴収金額
	実家賃相当額の1/3超	対象外

会社が負担する社宅の水道光熱費，駐車場料金，家具リース料は，労働の対価に該当せず労働保険の対象外です。ただし，会社が社宅の水道光熱費，駐車場料金，家具リース料の会社負担額を手取額としてグロス・アップ計算する場合には，グロス・アップした源泉税相当額は労働保険の対象です。

■参考条文等

昭22・12・9基発第452号

労働基準法第11条（賃金の定義）に照らした，実物給与の解釈

（一）実物給与に関する法第24条の趣旨は，実物給与制度の沿革に鑑み，かつ稍もすれば基本給を不当に低位に据え置く原因となるおそれがあるので，原則として実物給与を禁止したものである。従ってあらゆる種類の実物給与を禁止せんとするものではなく，労働協約に別段の定めをなさしめることによって，労働者に不利益となるような実物給与から労働者を保護せんとするものであること。

（二）労働者に対して，労働協約によらずして物又は利益が供与された場合において，それを賃金とみるか否かについては，実物給与に関する法の趣旨及び実情を考慮し，慎重に判定すること。

（三）臨時に支給される物，その他の利益は原則として賃金とみなさないこと。なお祝祭日，会社の創立記念日又は，労働者の個人的吉凶禍福に対して支給されるものは賃金ではない。然し次の場合における実物給与については，賃金として取り扱うこと。

　（イ）支給されるものが労働者の自家消費を目的とせず，明らかに転売による金銭の取得を目的とするもの。

　（ロ）労働協約によっていないが，前例もしくは慣習として，その支給が期待されている貨幣賃金の代りに支給されるもの。

（四）福利厚生施設の範囲は，なるべくこれを広く解釈すること。

（五）施行規則第２条第３項による評価額の判定基準は左によること。実物給与のために使用者が支出した実際費用を超え又はその３分の１を下ってはならない。但し公定小売価格その他これに準ずる統制額の定あるものについては，実際費用の如何にかかわらずその額を超えてはならない。

（六）労働者より代金を徴収するものは，原則として賃金ではないが，その徴収金額が実際費用の３分の１以下であるときは，徴収金額と実際費用の３分の１との差額部分については，これを賃金とみなすこと。

Q8　ストック・オプションに関する取扱い

外国人がストック・オプションを行使した場合の取扱いを教えてください。

【概　要】

(1) 非適格ストック・オプションについては，ストック・オプションの権利行使時にストック・オプション権利行使益が給与所得として課税され，ストック・オプションの権利行使により取得した株式を譲渡した場合は，その株式に係る譲渡所得は，他の所得と区分して申告（申告分離課税）することになります。

(2) 外国の親会社から付与されたストック・オプションを行使して取得する株式は，通常，外国の証券会社に開設した口座に交付されることから，子会社である日本の法人は株式の交付過程に関与しないため，一般的にストック・オプション権利行使益について，源泉徴収を行う必要はありません。

(3) ストック・オプションについて，その取扱いが租税条約，租税協定で規定されているものは，日米租税条約と日英租税条約であり，その条約では，ストック・オプション制度に基づく利益のうち，ストック・オプションの付与から行使までの期間に関連するものは，給与所得条項が適用され，ストック・オプション権利行使時から譲渡時までに生じた値上がり益については，譲渡収益条項が適用されることが明らかにされています。

(4) 日米租税条約，日英租税条約以外の租税条約，租税協定についても，税務当局は，日米租税条約，日英租税条約と同様の取扱いとしていますが，その取扱いはOECDモデル租税条約コメンタリーと異なるため，米国，英国以外の国・地域が，OECDの見解に基づいてストック・オプション権利行使益について，給与所得条項の対象となる所得を計算する場合には，その国との間に二重課税が生じる可能性があります。

(5) その親会社である外国の法人（日本の法人とは別法人とし，本店・支店関係はないものとします。以下，本問において同様です）が，その株式報酬

費用を子会社である日本の法人に付け替えするときに，日本の法人でその費用を損金算入することができるかどうかは明らかではありませんが，親会社が子会社の役員および従業員に付与したストック・オプションには，子会社の役員および従業員が子会社で職務を遂行した対価としての性質を有するものとされていますので，そのストック・オプションに係る株式報酬費用を子会社が負担することには経済的合理性があると考えられることから，その費用を日本の法人で負担することは許容され得るものと考えます。ただし，役員に係るものについては，その費用の支出は，事前確定届出給与または業績連動給与の損金算入要件を満たすことができませんので，その費用を日本の法人で損金算入することは難しいと思われます。

(6) ストック・オプションは，社会保険の対象外です。ただし，日本の法人（国内の適用事業所に該当するものとします。以下，本問において同様です）がストック・オプションの行使益を手取額としてグロス・アップ計算する場合には，グロス・アップした源泉税相当額は報酬等に該当します。

(7) ストック・オプションは，労働保険の対象外です。ただし，日本の法人がストック・オプションの行使益を手取額としてグロス・アップ計算する場合には，グロス・アップした源泉税相当額は，労働保険の対象です。

【解　説】

外国人がインセンティブ報酬としてストック・オプションを行使した場合の取扱いは，以下のとおりです。なお，本問のストック・オプションは，日本の法人の発行済株式を100％有する親会社である外国の法人が発行するストック・オプション（税制非適格，譲渡制限付）で，権利行使によりその外国の法人の外国株式（海外上場株式）を得られるものとし，ストック・オプションの付与から行使までの期間に日本国外で勤務期間があるものとします。

1　所得税の取扱い

⑴　所得区分，課税時期

　非適格ストック・オプションについては，ストック・オプションの権利行使時およびストック・オプションの権利行使により取得した株式の譲渡時において，以下の取扱いとなります。

①　ストック・オプション権利行使時

　商法および会社法に基づく新株予約権以外で，株式と引換えに払い込むべき額が有利な金額である場合における当該株式を取得する権利で，自社の役員または従業員に対してその地位または職務等に関連して与えられたものを，その役員または従業員が権利行使して株式を取得した場合には，権利行使の日（その権利に基づく払込みまたは給付の期日（払込みまたは給付の期間の定めがある場合には，その払込みまたは給付をした日））における価額（株価：市場価格）から権利行使により会社に払い込む金額を控除した金額（以下「ストック・オプション権利行使益」とします）が，給与所得として課税されます（所得税法施行令84条2項3号，所得税基本通達23〜35共 - 6，23〜35共 - 9）。

　子会社の役員または従業員が，親会社のストック・オプションを付与される場合，親会社と子会社の役員または従業員との間には，直接的な委任，雇用関係は存在しませんが，子会社の役員または従業員は，親会社の統括の下に子会社の職務を遂行し，親会社は，精勤の動機付け等として子会社の役員または従業員にストック・オプションを付与するものであることから，ストック・オプション権利行使益は，子会社の役員または従業員がその子会社の役員または従業員としての職務を遂行したことに対する対価としての性質を有するものであって，雇用契約またはこれに類する原因に基づき提供された非独立的な労務の対価として給付されたものとして，給与所得に該当するものとされています（最判平17・1・25民集29巻1号64頁）。

　したがって，親会社の外国株式に係るストック・オプションを付与された子

会社の役員または従業員である外国人が，そのストック・オプションの権利を
行使して親会社株式を取得した場合，その権利行使時に，そのストック・オプ
ション権利行使益が，給与所得として課税されます。

なお，ストック・オプションが退職しなければその権利を行使することがで
きず，退任後，極めて短期間に一括して権利行使しなければならないなど，退
職に基因してストック・オプションが権利行使されるものである場合には，ス
トック・オプション権利行使益は，退職所得として課税されます（所得税法施
行令84条2項3号，所得税基本通達23〜35共−6）。

② 株式（海外上場株式）の譲渡時

ストック・オプションの権利行使により取得した株式を，国内の証券会社な
どを通さず海外で海外上場株式を譲渡した場合において，その株式の譲渡益に
ついて日本で課税されるときは，その海外上場株式に係る譲渡所得は，他の所
得と区分して申告（申告分離課税）することになります（措置法37条の11第1
項・2項，措置法施行令25条の9第2項）。

なお，上記の譲渡所得を計算する場合において，ストック・オプションの権
利行使により取得した株式の取得価額は，権利行使の日（その権利に基づく払
込みまたは給付の期日（払込みまたは給付の期間の定めがある場合には，その
払込みまたは給付をした日））における価額となります（所得税法施行令109条
1項3号）。

ストック・オプションの権利行使により2回以上にわたって同一銘柄の株式
を取得した場合，その株式の取得費は，総平均法に準じた方法により算定する
ことになります（所得税法48条1項・3項，所得税法施行令108条1項）。

【図表3-9】 ストック・オプションの課税関係

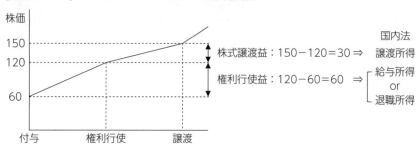

　従来，海外の株式（外国法人が発行する株式）の譲渡により生ずる所得（譲渡所得）は，国外源泉所得とされていましたが，平成29（2017）年1月1日以降，海外上場株式の譲渡所得は，租税条約，租税協定の規定により相手国等において外国所得税が課税されない限り，国外源泉所得には該当しないことになりました。

　そのため，外国人が海外上場株式を売買する場合の取扱いは，所得税法上のステータス（永住者，非永住者，非居住者（日本に恒久的施設を有しない非居住者であるものとします。以下，本問において同様です））別に異なります（詳細は，後述の(4)のとおりです）。

　居住者（永住者または非永住者）が，上場株式に係る譲渡損失を有する場合には，その譲渡損失は，申告分離課税を選択した上場株式等の配当所得を限度として，損益通算することができる特例があります（措置法37条の12の2第1項）。しかし，この特例は，金融商品取引業者への売委託などにより上場株式を譲渡した場合に限られることから，居住者である外国人が，国内の証券会社などを通さずに海外で海外上場株式を譲渡した場合の譲渡損失には，適用されません。したがって，居住者である外国人が，国内の証券会社などを通さずに譲渡した海外上場株式に係る譲渡損失は，その外国人が申告分離課税を選択した上場株式等の配当所得を有する場合でも，その配当所得と損益通算することはできません（措置法37条の12の2第2項）。

　確定申告書を提出する居住者（永住者または非永住者）が，上場株式に係る

譲渡損失を有する場合，その譲渡損失は，その譲渡損失が生じた年以降，最大で3年間にわたって繰越控除することができる特例があります（措置法37条の12の2第5項）。しかし，この特例は，金融商品取引業者への売委託などにより上場株式を譲渡した場合に限られることから，居住者である外国人が，国内の証券会社などを通さずに譲渡した海外上場株式に係る譲渡損失には，適用されません（措置法37条の12の2第6項）。

⑵　ストック・オプション権利行使益に対する源泉徴収

　外国の親会社から付与されたストック・オプションを行使して取得する株式は，通常，外国の証券会社に開設した口座に交付されることから，子会社である日本の法人は株式の交付過程に関与しないことになります。そのため，子会社である日本の法人は，そのストック・オプション権利行使益について，源泉徴収を行う必要はありません。

　ただし，ストック・オプションを行使した外国人が非居住者で，外国の法人が日本国内に支店などの事業所を有する場合には，その外国の法人は，そのストック・オプション権利行使益について源泉徴収し，翌月末までに源泉税を納付する必要があります（所得税法212条）。

　なお，ストック・オプション権利行使益について，源泉徴収が必要な場合において，タックスイコライゼーション契約によりそのストック・オプション権利行使益を手取額とする場合には，そのストック・オプション権利行使益を手取額としてグロス・アップ計算し，源泉徴収する必要があります（所得税基本通達181～223共－4）。

⑶　租税条約，租税協定
①　日米租税条約

　ストック・オプションは，日米租税条約ではその議定書において，以下の了解がされています（日米租税条約議定書10）。

ア　ストックオプション制度に基づき被用者が享受する利益で，ストックオプションの付与から行使までの期間に関連するものは，条約第14条の適用上「その他これらに類する報酬」とされること。

イ　被用者が次の（ⅰ）から（ⅳ）までの要件をすべて満たす場合には，二重課税を回避するため，ストックオプションの行使の時にその被用者が居住者とならない締約国は，その利益のうちその被用者が勤務をその締約国内において行った期間中そのストックオプションの付与から行使までの期間に関連する部分についてのみ租税を課することができること。

（ⅰ）　被用者が，勤務に関してストックオプションを付与されたこと

（ⅱ）　被用者が，ストックオプションの付与から行使までの期間中両締約国内において勤務を行ったこと

（ⅲ）　被用者が，ストックオプション行使の日において勤務を行っていること

（ⅳ）　被用者が，両締約国の法令に基づき両締約国においてアの利益について租税を課されることになること

　　アの利益について除去されない二重課税を生じさせないため，両締約国の権限のある当局は，このようなストックオプション制度に関連する条約第14条（給与所得条項）および第23条（二重課税の排除）の解釈または適用に関して生ずる困難または疑義を，条約第25条（相互協議）の規定に基づく合意によって解決するよう努めること。

　また，「日米租税条約（新条約）におけるストック・オプションに関する交渉担当者間の了解事項について」では，以下のことが了解されています。

• ストックオプション制度に基づき被用者が享受する利益で，ストックオプションの付与から行使までの期間に関連するものについて，いつ，いかなる方法で，源泉地国で租税を課することができるのかは規定していない。

• 源泉地国は，状況により，ストックオプション制度に基づき被用者が享受する利益で，ストックオプションの付与から行使までの期間に関連するものに対して租税を課すことも課税をしないことも選択することもできる。

• ストックオプション制度に基づき被用者が享受する利益で，ストックオプションの付与から行使までの期間に関連するものは，給与所得条項が適用され

> ることから，条約第13条に規定する非居住者の株式譲渡収益に対する源泉地
> 国の課税権の制限を適用することは，適当ではない。

　したがって，日米租税条約では，ストック・オプションの行使に関する取扱
いは，以下のものとなります。

> • ストック・オプション制度に基づき被用者が享受する利益で，ストック・オプ
>   ションの付与から行使までの期間に関連するもの（ストック・オプション権利
>   行使益）は，給与所得条項が適用され，基本的に給与所得として課税権が配分
>   されます。
> • ストック・オプション権利行使者の非居住地国には，ストック・オプション権
>   利行使益のうち，非居住地国で勤務が行われる期間に対応する部分の課税権が
>   配分されます。
> • ストック・オプション権利行使時から譲渡時までに生じた値上がり益について
>   は，譲渡収益条項に基づき課税権が配分されるため，居住地国のみに課税権が
>   配分されます。

　法人の取締役会の構成員に付与されるストック・オプションの場合の取扱い
は，日米租税条約に規定されていませんが，OECDモデル租税条約コメンタ
リーでは，そのストック・オプション行使益は，役員報酬条項の「報酬その他
これに類する支払金」に含まれ，譲渡収益条項は適用されないとされているこ
とから（OECDモデル租税条約第16条に関するコメンタリー第1・1パラグラ
フ，第3・1パラグラフ），日米租税条約でも，法人の取締役会の構成員に付
与されるストック・オプション権利行使益は役員報酬条項が適用され，その課
税権は，その法人が所在する非居住地国に配分されることになり，そのストッ
ク・オプション権利行使時から譲渡時までに生じた値上がり益については，譲
渡収益条項に基づき課税権が配分されると考えられます。

② **日英租税条約**
　日英租税条約の議定書にも，日米租税条約と同様の規定がありますので，ス

トック・オプションの取扱いは同様と考えられます（日英租税条約議定書3）。

③ その他の国・地域の租税条約，租税協定

　日米租税条約，日英租税条約以外の国・地域との間で締結された租税条約，租税協定には，ストック・オプションに関する規定はありませんが，国税不服審判所の平成29（2017）年8月22日付の公表裁決では，OECDモデル租税条約コメンタリーのパラグラフを参照し，「○○租税協定においては，日本の居住者である時に税制適格ストックオプションの付与を受け，K国の居住者（日本の非居住者）となった後にその税制適格ストックオプションを権利行使した場合の権利行使益については，本来の性質が給与所得であるため，原則として居住地国（K国）に課税権があり，当該個人が従業員の場合は，その勤務が日本国で行われる期間に対応する部分について（同協定第15条第1項），当該個人が役員の場合は，その法人が日本国の法人である場合に（同協定第16条），日本国に課税権が配分されることとなる」としています。したがって，税務当局は，実務上，日米租税条約，日英租税条約以外の国・地域との間で締結された租税条約，租税協定におけるストック・オプションについても，OECDモデル租税条約コメンタリーの解釈に従い，以下の取扱いをしているものと考えられます（国税庁「質疑応答事例 所得税「非居住者である役員が税制適格ストックオプションを行使して取得した株式を譲渡した場合」」も同様の取扱いと考えられます）。

- ストック・オプション権利行使益は，本来の性質が給与所得であるため，原則としてストック・オプション権利行使者の居住地国・地域に課税権がある。
- ストック・オプション権利行使者が従業員の場合，ストック・オプション権利行使者の非居住地国・地域には，ストック・オプション権利行使益のうち，非居住地国・地域で勤務が行われる期間に対応する部分の課税権が配分される。
- ストック・オプション権利行使者が非居住地国・地域に所在する法人の役員の場合，ストック・オプション権利行使益の課税権はその法人が所在する非居住地国・地域に配分される。

> • ストック・オプション権利行使時から譲渡時までに生じた値上がり益については，譲渡収益条項に基づき課税権が配分される。

【図表3−10】ストック・オプションの課税関係

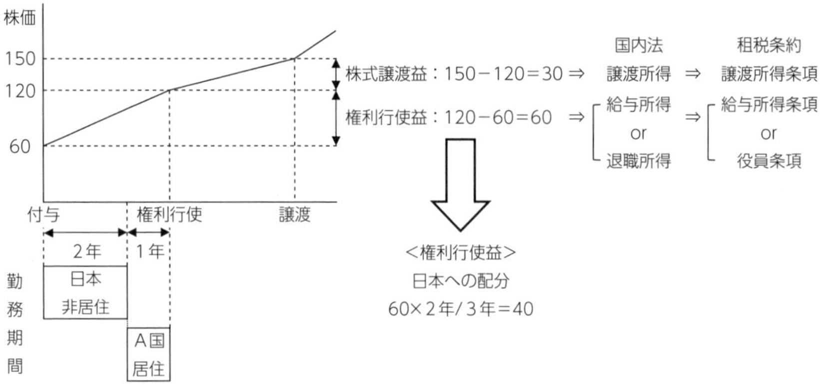

④ OECDモデル租税条約コメンタリーのストック・オプションの帰属期間

　日米租税条約および日英租税条約では，ストック・オプションについて付与日から権利行使までの期間に関連するものは給与所得条項が適用される旨が規定されていますが，日米租税条約および日英租税条約以外で，ストック・オプションに関する規定のない国・地域との租税条約，租税協定でも，税務当局は，実務上，日米租税条約および日英租税条約と同様の取扱いとしていると考えられます（裁決平29・8・22）（国税庁「質疑応答事例　所得税「非居住者である役員が税制適格ストックオプションを行使して取得した株式を譲渡した場合」」）。

　しかし，OECDモデル租税条約第15条に関するコメンタリー第12・6パラグラフでは「使用人ストック・オプションが特定の国において行われた勤務から生じたか否か，及びその範囲の決定は，各事案において，当該オプションに関連する契約条件（例えば，当該付与されたオプションの行使又は処分の条件）

を含むすべての関連する事実及び状況に基づいて行われる」とし，以下の3つの一般原則が考慮されなければならないとされています。

ア　第1の原則

　ストック・オプションは，そのオプションを行使する権利を得る条件として求められる勤務期間の後に提供する役務には関連しないため，ストック・オプションが，3年間同一の雇用者に対して役務提供することを条件として付与される場合には，そのストック・オプションから生ずる勤務に係る給付は，その3年経過後に行われた役務提供には帰属しないとされています（OECDモデル租税条約第15条に関するコメンタリー第12・7パラグラフ）。

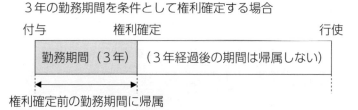

３年の勤務期間を条件として権利確定する場合

イ　第2の原則（過去の勤務期間に帰属するもの）

　ストック・オプションが，過去の特定の期間に提供した役務に対する報酬として付与される場合には，そのストック・オプションは，その付与時点より前に提供された役務に関連していると考えられるとしています（OECDモデル租税条約第15条に関するコメンタリー第12・11パラグラフ）。

過去の特定の期間に提供した役務に対する報酬として付与される場合

ウ　第3の原則

　ストック・オプションが，過去の役務に対する報酬であるだけでなく，将来
の役務に関連するということを示すものもあるような状況があり，そのいずれ
かが不明確な場合には，そのストック・オプションは，一般に，将来の業績に
対するインセンティブまたは優秀な人材を確保するための方法として与えられ
るものと想定されることから，将来の役務に関連するものとされています。し
かしながら，ストック・オプションが，過去および将来の役務の双方に及ぶ特
定の期間に関連している場合もあり得るとされています（例えば，ストック・
オプションが，過去の業績目標を達成したことに基づき付与されるものの，さ
らに3年間勤務を続ける場合に限り，そのストック・オプションを行使するこ
とができるような場合です）（OECDモデル租税条約第15条に関するコメンタリー
第12・13パラグラフ）。

■過去の役務と将来の役務のいずれに帰属するか不明確な場合

■過去勤務に基づき付与されるもののさらに3年間勤務継続が必要な場合

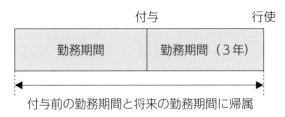

　上記のとおり，OECDの見解は，源泉地国に配分されるべきストック・オプ

ションは一定の勤務期間に帰属するものとされ，付与から行使までの期間に帰属するものとなっていません。したがって，米国，英国以外の国・地域が，ストック・オプション権利行使益について，OECDの見解に基づいて給与所得条項の対象となる所得を計算する場合には，その国・地域との間に二重課税が生じる可能性があります。

【図表３－11】ストック・オプションの課税関係（相手国がOECD見解によることで二重課税が生じるケース）

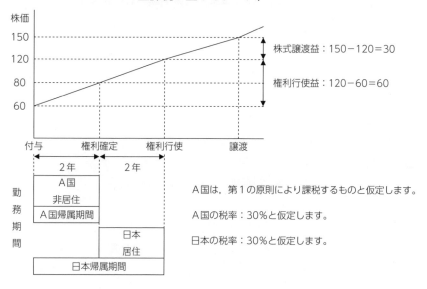

- A国の税金：60×30％＝18（第１の原則によりストック・オプションは付与から権利確定までの期間に帰属）
- 日本の税金：60×30％－9（※）＝9
  ※国外源泉所得：60×2年/４年＝30
  　外国税額控除額：18×30/60＝9
- ∴A国の税金：18と日本で適用される外国税額控除額：9との差額：9が二重課税になります。

⑤　ストック・オプションに係る二重課税

　日本では，ストック・オプションは，税制非適格の場合には，上述のとおり，

その権利行使時にストック・オプション権利行使益に対して課税され，その後その権利行使により取得した株式を譲渡した時にその株式の譲渡益に対して課税されます。税制適格の場合には，その権利行使時には課税されず，その権利行使により取得した株式を譲渡した時まで課税が繰り延べされます。

　税制適格，税制非適格ストック・オプションは，国・地域によって課税時点が異なるため，これらの国・地域との間でストック・オプション権利行使益を配分する場合には，外国税額控除制度によって二重課税を排除することができない事態が発生することが想定されます。そのため，日米租税条約では，「日米租税条約（新条約）におけるストック・オプションに関する交渉担当者間の了解事項について」において，二重課税を完全に排除されない事態が生じた場合には，相互協議条項の規定に基づく合意によって解決するように努める旨が合意されています。

【図表３−12】日米で二重課税が排除できない可能性があるもの

■ケース１

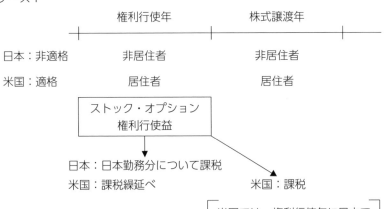

■ケース2

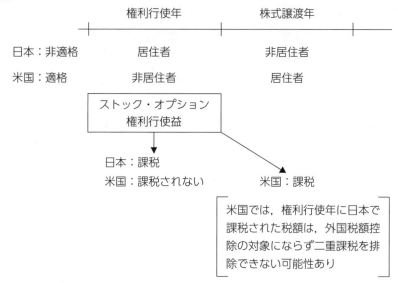

⑷　ステータス別の課税方法

　外国人がストック・オプションを行使した場合の課税の取扱いは，所得税法上のステータス（永住者，非永住者，非居住者）別に，以下のとおりです。

①　永住者である日本の法人の役員の場合
ア　ストック・オプション権利行使益

　永住者の課税範囲は全世界所得のため，日本の法人の役員に付与されたストック・オプションに係るストック・オプション権利行使益は，すべて日本で課税されます。

　ストック・オプションの付与から権利行使までの期間に，役員が国外勤務する場合でも，その役員の役員報酬は国外源泉所得には該当しませんので，国外所得はゼロとなり，外国税額控除は適用されません（所得税法95条）。

　租税条約，租税協定の規定により，ストック・オプション権利行使益が国外

勤務地国・地域で課税される場合には，その国外勤務地国・地域で課税される
ストック・オプション権利行使益は国外源泉所得に該当し，外国税額控除が適
用されます（所得税法95条，所得税法施行令225条の13）。

　外国の親会社から付与されたストック・オプションを行使した場合には，ス
トック・オプション権利行使益について源泉徴収が行われませんので，確定申
告が必要です（所得税法120条，121条，所得税基本通達121－5）。

イ　株式（海外上場株式）の譲渡

　永住者の課税範囲は全世界所得のため，ストック・オプションの権利行使に
より取得した株式（海外上場株式）を売却した譲渡益は，すべて日本で課税さ
れます。

　平成29（2017）年1月1日以降は，海外上場株式の譲渡所得は，租税条約，
租税協定に基づき相手国等において外国所得税が課税されない限り，国外源泉
所得には該当しません。そのため，その海外上場株式の譲渡所得について海外
で外国税が課されても，租税条約，租税協定が株式譲渡益について源泉地国課
税であることにより，相手国・地域で外国税が課されるものでない限り，外国
税額控除を適用することができません（所得税法95条）。

　ストック・オプションの権利行使により取得した海外上場株式を，国内の証
券会社などを通さず海外で譲渡した場合において，その株式の譲渡益について
日本で課税されるときは，その海外上場株式に係る譲渡所得は，他の所得と区
分して申告（申告分離課税）することになります（措置法37条の11第1項・2項，
措置法施行令25条の9第2項）。

　居住者（永住者または非永住者）が，上場株式に係る譲渡損失を有する場合
には，その譲渡損失は，申告分離課税を選択した上場株式等の配当所得を限度
として，損益通算することができる特例があります（措置法37条の12の2第1
項）。しかし，この特例は，金融商品取引業者への売委託などにより上場株式
を譲渡した場合に限られることから，ストック・オプションの権利行使により
取得した海外上場株式の売却が外国の証券会社を通じて行われる場合には，そ

の海外上場株式の譲渡による譲渡損失について，この特例は適用されません。したがって，永住者である日本の法人の役員の外国人が，ストック・オプションの権利行使により取得した海外上場株式を，外国の証券会社を通じて譲渡した場合の海外上場株式に係る譲渡損失は，その外国人が申告分離課税を選択した上場株式等の配当所得を有する場合でも，その配当所得と損益通算することはできません（措置法37条の12の2第2項）。

　確定申告書を提出する居住者（永住者または非永住者）が，上場株式に係る譲渡損失を有する場合，その譲渡損失は，その譲渡損失が生じた年以降，最大で3年間にわたって繰越控除することができる特例があります（措置法37条の12の2第5項）。しかし，この特例は，金融商品取引業者への売委託などにより上場株式を譲渡した場合に限られることから，永住者である日本の法人の役員の外国人が，ストック・オプションの権利行使により取得した海外上場株式を外国の証券会社を通じて譲渡する場合には，その海外上場株式の譲渡による譲渡損失について，この特例は適用されません（措置法37条の12の2第6項）。

②　非永住者である日本の法人の役員の場合
ア　ストック・オプション権利行使益
　非永住者の課税範囲は以下のものです。

- 国外源泉所得以外の所得
- 国外源泉所得で国内において支払われたもの
- 国外源泉所得で国外から送金されたもの

　日本の法人の役員に付与されたストック・オプション権利行使益は，日本の法人の役員報酬であり，ストック・オプションの付与から権利行使までの期間に，役員が国外勤務する場合でも，すべて国外源泉所得以外の所得として日本で課税されます。

　租税条約，租税協定の規定により，ストック・オプション権利行使益が国外勤務地国・地域で課税される場合には，その国外勤務地国・地域で課税される

ストック・オプション権利行使益は国外源泉所得に該当しますので，日本国内で支払われるものがなく，国外から日本国内への送金もない場合には，日本で課税対象外となり，また，二重課税も生じていないことから外国税額控除は適用されません（所得税基本通達95-29）。

外国の親会社から付与されたストック・オプションを行使した場合には，そのストック・オプション権利行使益について源泉徴収が行われませんので，確定申告が必要です（所得税法120条，121条，所得税基本通達121-5）。

イ　株式（海外上場株式）の譲渡

ストック・オプションの権利行使により取得した株式（海外上場株式）を売却した場合には，株式の売却時に株式の売却額と権利行使時の株式時価との差額部分が譲渡損益となります。

平成29（2017）年度税制改正で，非永住者の課税所得の範囲が改正され，平成29（2017）年4月1日以降は，海外上場株式のうち，以下のものの譲渡により生じる所得は国外源泉所得となりました（所得税法施行令17条1項）。

- 譲渡日前10年以前に取得したもの
- 譲渡日以前10年以内で，永住者であったまたは非居住者であった期間に取得したもの

したがって，海外上場株式のうち，譲渡日以前10年以内で，非永住者であった期間に取得したものの譲渡により生じる所得が，国外源泉所得以外の所得として課税範囲に含まれることになります。

ただし，租税条約，租税協定の規定において，株式譲渡益について源泉地国課税となる場合には，株式譲渡益は国外源泉所得になるため，日本で支払われたものがなく，国外から日本国内へ送金されたものもない場合には，その株式譲渡益は日本で課税対象外となります。

したがって，その株式譲渡益が国外で課税される場合でも，日本で支払われたものではなく，国外から日本国内へ送金されたものもないときは，二重課税

は生じませんので外国税額控除の適用はありません（所得税基本通達95－29）。ただし，その株式譲渡益のうち国内において支払われたものや国外から日本国内に送金されたものは日本で課税対象になりますので，その株式譲渡益が国外でも課税されるときは，外国税額控除が適用されます（所得税法95条）。

　ストック・オプションの権利行使により取得した海外上場株式を，国内の証券会社などを通さず海外で譲渡した場合において，その株式の譲渡益について日本で課税されるときは，その海外上場株式に係る譲渡所得は，他の所得と区分して申告（申告分離課税）することになります。（措置法37条の11第1項・2項，措置法施行令25条の9第2項）。

　居住者（永住者または非永住者）が，上場株式に係る譲渡損失を有する場合には，その譲渡損失は，申告分離課税を選択した上場株式等の配当所得を限度として，損益通算することができる特例があります（措置法37条の12の2第1項）。しかし，この特例は，金融商品取引業者への売委託などにより上場株式を譲渡した場合に限られることから，ストック・オプションの権利行使により取得した海外上場株式の売却が外国の証券会社を通じて行われる場合には，その海外上場株式の譲渡による譲渡損失について，この特例は適用されません。したがって，非永住者である日本の法人の役員の外国人が，ストック・オプションの権利行使により取得した海外上場株式を，外国の証券会社を通じて譲渡した場合の海外上場株式に係る譲渡損失は，その外国人が申告分離課税を選択した上場株式等の配当所得を有する場合でも，その配当所得と損益通算することはできません（措置法37条の12の2第2項）。

　確定申告書を提出する居住者（永住者または非永住者）が，上場株式に係る譲渡損失を有する場合，その譲渡損失は，その譲渡損失が生じた年以降，最大で3年間にわたって繰越控除することができる特例があります（措置法37条の12の2第5項）。しかし，この特例は，金融商品取引業者への売委託などにより上場株式を譲渡した場合に限られることから，非永住者である日本の法人の役員の外国人が，ストック・オプションの権利行使により取得した海外上場株式を外国の証券会社を通じて譲渡する場合には，その海外上場株式の譲渡による

譲渡損失について，この特例は適用されません（措置法37条の12の2第6項）。

③　非居住者である日本の法人の役員の場合

ア　ストック・オプション権利行使益

　非居住者の課税範囲は国内源泉所得です。日本の法人の役員に付与されたストック・オプション権利行使益は，日本の法人の役員報酬であり，国内源泉所得に該当するため，すべて日本で課税されます。

　日本が締結するほとんどの租税条約，租税協定に役員報酬条項があり，役員報酬は法人居住地国・地域での課税が認められていますので，原則的には，上記の取扱いのとおりです。

　ただし，日米租税条約については，第15条（役員報酬）の対象となる役員報酬が「役員の資格で取得する報酬その他これに類する支払金」から「取締役会の構成員の資格で取得する報酬その他これに類する支払金」へ改正されたことから，令和2（2020）年1月1日以降に開始する課税年度からは，法人税法上の役員となるものの，取締役会の構成員ではない日本の法人の執行役やみなし役員の報酬は，第15条（役員報酬）ではなく第14条（給与所得）が適用されるため，日本の法人の執行役やみなし役員に付与されたストック・オプション権利行使益は，付与から行使時までの期間のうち日本勤務に対応する部分の金額が，国内源泉所得として日本で課税されます。

　外国の親会社から付与されたストック・オプションを行使した場合には，ストック・オプション権利行使益について源泉徴収されませんので，確定申告（所得税法172条による準確定申告）が必要です（所得税法172条）。

イ　株式（海外上場株式）の譲渡

　ストック・オプションの権利行使により取得した株式（海外上場株式）を売却した場合には，その株式の譲渡益は国内源泉所得に該当しませんので，日本で課税対象外です。

④ 永住者である日本の法人の従業員の場合

ア ストック・オプション権利行使益

　永住者の課税範囲は全世界所得のため，日本の法人の従業員に付与されたストック・オプション権利行使益は，すべて日本で課税されます。

　ストック・オプションの付与から権利行使までの期間に，従業員が国外勤務する場合，その従業員の国外勤務分の給与は国外源泉所得に該当しますので，外国税額控除が適用されます（所得税法95条）。

　外国の親会社から付与されたストック・オプションを行使した場合には，ストック・オプション権利行使益について源泉徴収が行われませんので，確定申告が必要です（所得税法120条，121条，所得税基本通達121－5）。

イ 株式（海外上場株式）の譲渡

　ストック・オプションの権利行使により取得した株式（海外上場株式）を売却した場合には，株式の売却時に株式の売却額と権利行使時の株式時価との差額部分が譲渡損益となります。

　平成29（2017）年1月1日以降は，海外上場株式の譲渡所得は，租税条約，租税協定に基づき相手国等において外国所得税が課税されない限り，国外源泉所得には該当しません。そのため，その海外上場株式の譲渡所得について海外で外国税が課されても，租税条約，租税協定が株式譲渡益について源泉地国課税であることにより，相手国・地域で外国税が課されるものでない限り，外国税額控除を適用することができません（所得税法95条）。

　ストック・オプションの権利行使により取得した海外上場株式を，国内の証券会社などを通さず海外で譲渡した場合において，その株式の譲渡益について日本で課税されるときは，その海外上場株式に係る譲渡所得は，他の所得と区分して申告（申告分離課税）することになります（措置法37条の11第1項・2項，措置法施行令25条の9第2項）。

　居住者（永住者または非永住者）が，上場株式に係る譲渡損失を有する場合には，その譲渡損失は，申告分離課税を選択した上場株式等の配当所得を限度

として，損益通算することができる特例があります（措置法37条の12の2第1項）。しかし，この特例は，金融商品取引業者への売委託などにより上場株式を譲渡した場合に限られることから，ストック・オプションの権利行使により取得した海外上場株式の売却が外国の証券会社を通じて行われる場合には，その海外上場株式の譲渡による譲渡損失について，この特例は適用されません。したがって，永住者である日本の法人の従業員の外国人が，ストック・オプションの権利行使により取得した海外上場株式を，外国の証券会社を通じて譲渡した場合の海外上場株式に係る譲渡損失は，その外国人が申告分離課税を選択した上場株式等の配当所得を有する場合でも，その配当所得と損益通算することはできません（措置法37条の12の2第2項）。

　確定申告書を提出する居住者（永住者または非永住者）が，上場株式に係る譲渡損失を有する場合，その譲渡損失は，その譲渡損失が生じた年以降，最大で3年間にわたって繰越控除することができる特例があります（措置法37条の12の2第5項）。しかし，この特例は，金融商品取引業者への売委託などにより上場株式を譲渡した場合に限られることから，永住者である日本の法人の従業員の外国人が，ストック・オプションの権利行使により取得した海外上場株式の外国の証券会社を通じて譲渡する場合には，その海外上場株式の譲渡による譲渡損失について，この特例は適用されません（措置法37条の12の2第6項）。

⑤　非永住者である日本の法人の従業員の場合
ア　ストック・オプション権利行使益

　日本の法人の従業員に付与されたストック・オプション権利行使益のうち，国外勤務に対応する部分は国外源泉所得に該当しますので（所得税法95条），日本国内で支払われるものがなく，国外から日本国内への送金もない場合には，日本で課税対象外となり，また，二重課税も生じていないことから外国税額控除は適用されません（所得税基本通達95-29）。

　外国の親会社から付与されたストック・オプションを行使した場合において，ストック・オプション権利行使益について日本で課税される部分があるときは，

日本で源泉徴収が行われませんので，確定申告が必要です（所得税法120条，121条，所得税基本通達121－5）。

イ　株式（海外上場株式）の譲渡

　ストック・オプションの権利行使により取得した株式（海外上場株式）を売却した場合には，株式の売却時に株式の売却額と権利行使時の株式時価との差額部分が譲渡損益となります。

　平成29（2017）年度税制改正で，非永住者の課税所得の範囲が改正され，平成29（2017）年4月1日以降は，海外上場株式のうち，以下のものの譲渡により生じる所得は国外源泉所得となりました（所得税法施行令17条1項）。

> - 譲渡日前10年以前に取得したもの
> - 譲渡日以前10年以内で，永住者であったまたは非居住者であった期間に取得したもの

　したがって，海外上場株式のうち，譲渡日以前10年以内で，非永住者であった期間に取得したものの譲渡により生じる所得が，国外源泉所得以外の所得に該当することになります。

　ただし，租税条約，租税協定の規定が，株式譲渡益について源泉地国課税となる場合には，株式譲渡益は国外源泉所得になるため，日本で支払われたものがなく，国外から日本国内へ送金されたものもない場合には，その株式譲渡益は日本で課税対象外となります。

　そのため，その株式譲渡益が国外で課税される場合でも，日本で支払われたものではなく，国外から日本国内へ送金されたものもないときは，二重課税は生じませんので外国税額控除の適用はありません（所得税基本通達95－29）。ただし，その株式譲渡益のうち国内において支払われたものや国外から日本国内に送金されたものは日本で課税対象になりますので，その株式譲渡益が国外でも課税されるときは，外国税額控除が適用されます（所得税法95条）。

　ストック・オプションの権利行使により取得した海外上場株式を，国内の証

券会社などを通さず海外で譲渡した場合において，その株式の譲渡益について日本で課税されるときは，その海外上場株式に係る譲渡所得は，他の所得と区分して申告（申告分離課税）することになります（措置法37条の11第１項・２項，措置法施行令25条の９第２項）。

　居住者（永住者または非永住者）が，上場株式に係る譲渡損失を有する場合には，その譲渡損失は，申告分離課税を選択した上場株式等の配当所得を限度として，損益通算することができる特例があります（措置法37条の12の２第１項）。しかし，この特例は，金融商品取引業者への売委託などにより上場株式を譲渡した場合に限られることから，ストック・オプションの権利行使により取得した海外上場株式の売却が外国の証券会社を通じて行われる場合には，その海外上場株式の譲渡による譲渡損失について，この特例は適用されません。したがって，非永住者である日本の法人の従業員の外国人が，ストック・オプションの権利行使により取得した海外上場株式を，外国の証券会社を通じて譲渡した場合の海外上場株式に係る譲渡損失は，その外国人が申告分離課税を選択した上場株式等の配当所得を有する場合でも，その配当所得と損益通算することはできません（措置法37条の12の２第２項）。

　確定申告書を提出する居住者（永住者または非永住者）が，上場株式に係る譲渡損失を有する場合，その譲渡損失は，その譲渡損失が生じた年以降，最大で３年間にわたって繰越控除することができる特例があります（措置法37条の12の２第５項）。しかし，この特例は，金融商品取引業者への売委託などにより上場株式を譲渡した場合に限られることから，非永住者である日本の法人の従業員の外国人が，ストック・オプションの権利行使により取得した海外上場株式を外国の証券会社を通じて譲渡する場合には，その海外上場株式の譲渡による譲渡損失について，この特例は適用されません（措置法37条の12の２第６項）。

⑥　非居住者である日本の法人の従業員の場合

ア　ストック・オプション権利行使益

　非居住者の課税範囲は，国内源泉所得です。

日本の法人の従業員に付与されたストック・オプション権利行使益は、付与から行使時までの期間のうち日本勤務に対応する部分の金額が、国内源泉所得として日本で課税されます。

租税条約、租税協定の規定では、ストック・オプション権利行使者の非居住地国・地域には、ストック・オプション権利行使益のうち、非居住地国・地域で行われる勤務期間に対応する部分の課税権が配分されますので、上記の取扱いのとおりです。

外国の親会社から付与されたストック・オプションを行使した場合には、ストック・オプション権利行使益について源泉徴収されませんので、確定申告（所得税法172条による準確定申告）が必要です（所得税法172条）。

イ 株式（海外上場株式）の譲渡

ストック・オプションの権利行使により取得した株式（海外上場株式）を売却した場合には、その株式の譲渡益は国内源泉所得に該当しませんので、日本で課税対象外です。

(5) 為替レート
① ストック・オプション権利行使益
ア 居住者の場合で源泉徴収されないもの

居住者（永住者または非永住者）が外貨建取引を行った場合には、その外貨建取引の金額の円換算額は、その外貨建取引を行った時における外国為替の売買相場により換算した金額として、各種所得を計算することとされています（所得税法57条の3第1項）。

その外貨建取引の換算に用いる為替レートは、外貨建の取引日における電信売相場（TTS）と電信買相場（TTB）との仲値（TTM）によるものとし、そのTTB、TTS、TTMは、原則としてその個人の主たる取引金融機関のものによるが、継続適用を条件として、新聞等で公表されている合理的な為替レートを使用することができるとされています（所得税基本通達57の3－2）（三又修

＝樫田明＝一色広己＝石川雅美共編『所得税基本通達逐条解説（平成29年版）』（大蔵財務協会，2017年））。

　したがって，居住者がストック・オプションの権利行使をしたことによるストック・オプション権利行使益が外貨建の場合は，そのストック・オプション権利行使益は，その権利行使日におけるその外貨に係るTTMにより円換算することになります。

イ　居住者および非居住者の場合で源泉徴収されるもの

　居住者および非居住者に支払う源泉徴収の対象となる所得で，その支払うべき金額が外貨で表示されているものに係る邦貨換算については，以下の取扱いとされています（所得税基本通達213－1，213－4）。

（ア）　外貨で表示されている額に相当する金額を邦貨により支払う場合
　　その支払に関する契約等において定められている換算方法等に従って支払うこととなる邦貨の金額
（イ）外貨で表示されている額を外貨により支払う場合
　・その支払に関する契約等においてその支払期日が定められているとき（支払うべき時期が月，週等の期間をもって定められている場合を含みます）
　　外貨で表示されている額をその支払うべき日（支払うべき時期が月，週等の期間をもって定められている場合は，その期間の末日とし，その日前にその支払が行われた場合は，その支払が行われた日）におけるその外貨に係る電信買相場（TTB）により邦貨に換算した金額
　　ただし，その支払が著しく遅延して行われている場合を除き，その外貨で表示されている額を現に支払った日における電信買相場（TTB）により邦貨に換算した金額によることとしても差し支えないとされています。
　・その支払に関する契約等においてその支払期日が定められていないとき
　　外貨で表示されている額を現に支払った日における電信買相場（TTB）により邦貨に換算した金額

　なお，上記の「電信買相場（TTB）」は，その支払をする者の主要取引金融機関におけるその支払うべき日または支払った日のその外貨に係る対顧客直物

電信買相場によるものとされています（所得税基本通達213-2）。

ウ　非居住者の場合で源泉徴収されないもの

　非居住者がストック・オプションの権利行使をしたことによるストック・オプション権利行使益が外貨建の場合において，そのストック・オプション権利行使益について源泉徴収されないときの取扱いは規定されていませんが，上記アの居住者の取扱いに準じて，そのストック・オプション権利行使益は，その権利行使日におけるその外貨に係るTTMにより円換算することが許容されるものと考えられます。

【図表3-13】ストック・オプション権利行使益の為替レート

源泉徴収の有無		居住者	非居住者
源泉徴収なし		TTM	TTM
源泉徴収あり	外貨表示⇒邦貨支払	契約等において定められている換算方法	
	外貨表示⇒外貨支払	支払日のTTB	

②　株式（海外上場株式）の譲渡

　居住者（永住者または非永住者）が外貨建取引を行った場合には，その外貨建取引の金額の円換算額は，その外貨建取引を行った時における外国為替の売買相場により換算した金額として，各種所得を計算することとされています（所得税法57条の3第1項）。

　その外貨建取引の換算に用いる為替レートは，外貨建の取引日における電信売相場（TTS）と電信買相場（TTB）との仲値（TTM）によるものされていますが（所得税基本通達57の3-2），外国株式を外国金融商品市場で売買する場合の換算に用いる為替レートは，売却については，その売却契約日のTTBにより，取得については，その取得契約日のTTSによることになります（措置法通達37の10・37の11共-6）。

　したがって，海外で海外上場株式を売却する場合には，その外貨建の株式の

譲渡代金は，その株式の売却契約日におけるその外貨に係るTTBにより円換算することになります。なお，その売却した海外上場株式に係る取得価額は，その株式の取得契約日におけるその外貨に係るTTSにより円換算することになります。

(6) 為替差損益

　ストック・オプションを権利行使し取得した親会社の株式を売却し，売却代金相当の外貨建通貨を直ちに円換算せずに当面の間，保有しているような場合には，その通貨を他の通貨に交換したときに，その通貨の取得時の円換算額と交換時の円換算額との間に差額（為替差損益）が生じることになります。その保有する外貨建通貨の金額が大きい場合には，為替差損益も大きくなる傾向がありますので，為替差益が生じた場合には，雑所得として申告する必要があります。

　なお，外貨建通貨を外国の金融機関に保有している場合，その外貨建通貨に係る為替差損益は国外源泉所得になると考えられます。

　そのため，非永住者については，国外から日本国内に送金がなければ，その為替差益は日本で課税対象外になり，非居住者については，その為替差益は，国内源泉所得に該当しませんので，日本で課税対象外になると考えられます。

■参考条文等

日米租税条約

第13条（譲渡収益）

7　1から6までに規定する財産以外の財産の譲渡から生ずる収益に対しては，譲渡者が居住者とされる締約国においてのみ租税を課することができる。

第14条（給与所得）

1　次条，第17条及び第18条の規定が適用される場合を除くほか，一方の締約国の居住者がその勤務について取得する給料，賃金その他これらに類する報酬

に対しては，勤務が他方の締約国内において行われない限り，当該一方の締約国においてのみ租税を課することができる。勤務が他方の締約国内において行われる場合には，当該勤務から生ずる報酬に対しては，当該他方の締約国において租税を課することができる。

第15条（役員報酬）

一方の締約国の居住者が他方の締約国の居住者である法人の取締役会の構成員の資格で取得する報酬その他これに類する支払金に対しては，当該他方の締約国において租税を課することができる。

日米租税条約（新条約）におけるストック・オプションに関する交渉担当者間の了解事項について（和文（仮訳））

（一部抜粋）

条約第14条は，一方の締約国の居住者がその勤務について取得する給料，賃金その他これらに類する報酬についての課税権の配分を規定しており，他方の締約国（源泉地国）は，当該勤務が他方の締約国（源泉地国）で行われ，特定の条件を満たす場合にのみ当該勤務による所得に対して租税を課することができることを一般的に規定している。議定書10は，条約第14条に関し，ストックオプション制度に基づき被用者が享受する利益でストックオプションの付与から行使までの期間に関連するものは，同条の適用上「その他これらに類する報酬」とすることを規定している。議定書10は，更に，源泉地国は，当該利益のうち当該被用者が勤務を当該国内において行った期間中当該ストックオプションの付与から行使までの期間に関連する部分についてのみ租税を課することができることを規定している。条約第14条及び議定書10においても，その所得について，何時，いかなる方法で源泉地国は租税を課することができるのか規定していない。源泉地国は，状況により，当該所得に対して租税を課すことも当該所得に対する課税をしないことも選択することもできる。例えば，日本国は，源泉地国として，税制適格ストックオプションを行使したことにより取得した株式を譲渡することにより取得

する所得に対しては，租税を課することができる。アメリカ合衆国は，源泉地国として，条約第1条4（a）を根拠とすることなく，非居住者であるアメリカ合衆国市民が取得した当該所得に対して租税を課することができる。また，議定書10において当該所得については条約第14条の適用上「その他これらに類する報酬」とすることとしていることから，条約第13条に規定する非居住者の株式譲渡収益に対する源泉地国の課税権の制限を，当該所得に対して適用することは，適当ではない。条約第23条は，源泉地国において，相手国の居住者に対して，この条約の規定（第14条及び議定書10を含む。）に従って課される租税を，居住地国の外国税額控除に関する国内法上の制限のもと，居住地国において当該居住者に課される租税から控除することを認めることとしている。

- オプション価格15（権利付与時のその株式の時価に等しい。）のストックオプションが被用者に対して権利付与される。
- 当該被用者は，5年後に権利行使し，15で株式を取得する。権利行使時の当該株式の時価は20である。
- 当該被用者は，その翌年に当該株式を40で譲渡する。
- 当該被用者は，権利付与から権利行使までの期間を通じて，日本国又はアメリカ合衆国のいずれかの国の居住者であり，かつ，いずれかの国において勤務する。
- 当該被用者は，ストックオプションを権利行使する年及び当該株式を譲渡する年において，日本国又はアメリカ合衆国のいずれかの国の居住者である。

事例1　当該被用者は権利行使する年及び株式譲渡する年において日本国の居住者である。権利付与から権利行使までの期間は5年間であり，当該被用者は，そのうちの4年間はアメリカ合衆国の居住者として同国において勤務し，1年間は日本国の居住者として同国において勤務する。

事例2　当該被用者は権利行使する年及び株式譲渡する年においてアメリカ合衆国の居住者である。オプションの権利付与から権利行使までの期間

は5年間であり，当該被用者は，そのうちの4年間は日本国の居住者
として同国において勤務し，1年間はアメリカ合衆国の居住者として
同国において勤務する。

事例3　当該被用者は権利行使する年において日本国の居住者であり，株式譲
　　　　渡する年においてアメリカ合衆国の居住者である。権利付与から権利
　　　　行使までの期間は5年間であり，当該被用者は，そのうちの4年間は
　　　　アメリカ合衆国の居住者として同国において勤務し，1年間は日本国
　　　　の居住者として同国において勤務する。

事例4　当該被用者は権利行使する年においてアメリカ合衆国の居住者であり，
　　　　株式譲渡する年において日本国の居住者である。権利付与から権利行
　　　　使までの期間は5年間であり，当該被用者は，そのうち4年間は日本
　　　　国の居住者として同国において勤務し，1年間はアメリカ合衆国の居
　　　　住者として同国において勤務する。

　　それぞれの事例において4通りの課税上の取扱いがあるため，結果
的に16通りの事例が考えられる。第一は，当該ストックオプションが
日本国及びアメリカ合衆国の両国において税制非適格ストックオプ
ションとされる場合である。第二は，当該ストックオプションが日本
国及びアメリカ合衆国の両国において税制適格ストックオプションと
される場合である。第三は，当該ストックオプションが，アメリカ合
衆国においては税制非適格ストックオプションとされるが，日本国に
おいては税制適格ストックオプションとされる場合である。第四は，
当該ストックオプションが，日本国においては税制非適格ストックオ
プションとされるが，アメリカ合衆国においては税制適格ストックオ
プションとされる場合である。

　　第一及び第二の場合には，日本国とアメリカ合衆国の間での課税権
の配分を定めている条約上の規定（特に議定書10の規定）及び外国税
額控除を定める両国の国内法の規定によりいかなる二重課税の可能性

も排除される。

　第三及び第四のいくつかの事例においても，日本国とアメリカ合衆国の間での課税権の配分を定めている条約上の規定（特に議定書10の規定）及び外国税額控除を定める両国の国内法の規定によりいかなる二重課税の可能性も排除される。しかしながら，それ以外の場合においては，日本国及びアメリカ合衆国のそれぞれの国内法上の外国税額控除の規定（繰越又は繰戻に関する期間制限及び所得又は譲渡収益の所得分類に関連する制限を含む。）及び日本国とアメリカ合衆国の間での課税権の配分を定めている条約上の規定（特に議定書10の規定）によっては，完全に二重課税が排除されない場合もあり得よう。このような場合，議定書10の規定に従い，日本国及びアメリカ合衆国の権限のある当局は，相互協議の手続を通じて株式の譲渡時に二重課税を排除する方策（条約14条及び議定書10の規定に従い行使時又は譲渡時に源泉地国において課される租税に対する外国税額控除を容認することを含む。）を講ずるものとする。

OECDモデル租税条約コメンタリー（川端康之監訳『OECDモデル租税条約（2010年版　簡略版）』（社団法人日本租税研究協会，2011年）

第15条　（給与所得に対する課税）に関するコメンタリー

12.6　第1項は，源泉地国が，当該国において行われる勤務から生ずる給与，賃金，その他これらに類する報酬に対して租税を課すことを認める。使用人ストック・オプションが特定の国において行われた勤務から生じたか否か，及びその範囲の決定は，各事案において，当該オプションに関連する契約条件（例えば，当該付与されたオプションの行使又は処分の条件）を含むすべての関連する事実及び状況に基づいて行われる。これに関し，次の一般原則が考慮されなければならない。

12.7　第一の原則は，一般原則として，使用人ストック・オプションは，使用人がそのオプションを行使する権利を得る条件として求められる勤務期間の

後に提供するいかなる役務にも関連を有していると考えるべきではない。したがって，使用人が３年の期間，同一の雇用者（又は関連企業）に役務を提供することを条件として，ストック・オプションが当該使用人に付与される場合には，当該オプションから生ずる勤務に係る給付は，通常，当該３年の期間の経過の後に行われた役務の提供には帰属しない。

12.11　第二の原則は，使用人ストック・オプションがその受領者がある特定の期間に提供した役務に対する報酬を意図している限り，当該オプションはそれが付与される時点より前に提供された役務に関連しているともっぱら考えられるべきである。例えば，これは，報酬が，所定の期間における使用人の過去の業績又は雇用者の過去の財務上の実績に基づいていること，及びこれらの財務上の実績が関連する所定の期間，当該雇用者又は関連企業に雇用されていたことが条件とされることが明白な場合に妥当する。また，事案によっては，過去の勤務期間中に，使用人ストック・オプション・プランの参加者の間で，後日ストック・オプションが付与されることにより当該期間の報酬の一部が当該プランを通じて支払われるということが充分な根拠をもって期待されていたということが客観的に示される場合もある。このことは，例えば，長年に亘り類似の水準でストック・オプションを付与している雇用者の首尾一貫した慣行により示されることもある。ただし，それは，そのような慣行が中断されるということの兆候がない限りにおいてである。このようなことは，その他の要素次第では，ストック・オプションが過去の勤務期間に関連するか否か及び関連するとした場合のその範囲の決定に大いに関係しているのである。

12.13　最後に，要素によっては，使用人ストック・オプションが過去の役務に対する報酬であることを示すものもあるが，なかには当該オプションが将来の役務に関連するということを示す要素もあるように思われる状況があり得る。そのいずれであるかが不明確な場合には，使用人ストック・オプションは，一般に，将来の業績に対するインセンティブとして又は優秀な使用人を確保するための方法として与えられる，ということが想起されるべき

188

である。したがって，使用人ストック・オプションは，もっぱら将来の役
務に関連するものである。しかしながら，かかる決定が行われる前に，す
べての関連する事実及び状況が考慮されなければならず，かつ，ストック・
オプションが過去及び将来の役務の双方に及ぶ特定の期間に関連している
場合もあり得る（例えば，オプションが過去のある特定の業績目標を使用
人が達成したことに基づき付与されるが，当該使用人がさらに後3年間，
勤務を続ける場合に限り，当該オプションを行使することができる場合で
ある）。

第16条　（役員報酬に対する課税）に関するコメンタリー

1.1　加盟国は，「報酬その他これに類する支払金」という用語を，ある者が法人の
　　役員としての資格で受領する現物給付（例えば，ストック・オプション，住
　　居又は自動車，健康保険若しくは生命保険の保険保護及びクラブ会員権の利
　　用）を含むものと，一般に理解している。

3.1　（省略）ストック・オプションが，他方の国の居住者である法人の役員の資格
　　で一方の締約国の居住者に付与される限りにおいて，たとえ当該者が役員で
　　なくなったその後の時点において租税が課されるとしても，当該他方の国は
　　役員報酬その他これに類する支払金を構成するストック・オプションの給付
　　の一部に対して租税を課する権利を有する（第1.1パラグラフ参照）。本条は，
　　当該給付がいずれの時点において租税が課されるかにかかわらず，法人の役
　　員に付与されるストック・オプションから取得する給付について適用される
　　が，一方，当該給付と，当該オプションの行使により取得した株式の譲渡か
　　ら生ずる譲渡収益を区分する必要がある。オプションそれ自体から生ずる一
　　切の給付については，当該オプションが行使されあるいは売買その他の方法
　　により譲渡されるまで，第13条（譲渡収益に対する課税）ではなく，本条が
　　適用される。しかしながら，当該オプションが一旦行使され又は譲渡されれば，
　　本条に基づき課税の対象とされる給付は実現され。役員は株式の取得に関す
　　るその後の一切の利得（つまり，行使後に生じた株式の価値）を投資株主の

資格で取得し，その利得については第13条が適用される。

2　法人税の取扱い

　親会社である外国の法人が，子会社である日本の法人の役員および従業員に対してストック・オプションを付与した場合において，その親会社である外国の法人が，その株式報酬費用を子会社である日本の法人に付け替えするときに，日本の法人でその費用を損金算入することができるかどうかは明らかではありません。

　平成29（2017）年度の税制改正では，損金算入の対象となる新株予約権は，譲渡についての制限などが付されている新株予約権（以下「譲渡制限付新株予約権」とします）のうち，以下の(1)および(2)の要件を満たすもの（以下「特定新株予約権」とします）とされ，役務の提供を受ける法人以外の法人が発行するものも含まれることになりました（法人税法54条の2，法人税法施行令111条の3）。

---

(1)　譲渡制限付新株予約権と引換えにする払込みに代えて役務提供の対価としてその個人に生ずる債権をもって相殺されること
(2)　上記(1)のほか，譲渡制限付新株予約権が実質的に役務の対価と認められるものであること

　ただし，役員に対して特定新株予約権が交付される場合には，その特定新株予約権は，特定新株予約権の発行法人と役務の提供を受ける法人との間に，その権利行使が可能になる日までの間，支配関係（株式の50％超を直接または間接に保有する関係）が継続することが見込まれるものに限られ，また，事前確定届出給与または業績連動給与の損金算入要件を満たさないものは，損金不算入とされています（法人税法34条）。

　したがって，税制改正により，子会社である日本の法人がその役員および従業員に対して，親会社である外国の法人のストック・オプションを交付する場合には，従業員については，給与等課税事由が生じたときに，そのストック・

オプションに係る株式報酬費用を損金算入することが可能になったと考えられますが，役員については，そのストック・オプションが事前確定届出給与または業績連動給与の損金算入要件を満たす必要があるため，その費用を損金算入することは難しいと考えられます。

　なお，本問は，親会社である外国の法人が子会社である日本の法人の子会社の役員および従業員に対して親会社である外国の法人のストック・オプションを交付するものであり，日本の法人がその役員および従業員に対して交付するものではないため，上記の規定は適用されないと考えられます。しかし，親会社が子会社の役員および従業員に付与したストック・オプションには，子会社の役員および従業員が子会社で職務を遂行した対価としての性質を有するものとされていますので，そのストック・オプションに係る株式報酬費用を子会社が負担することには経済的合理性があると考えられ，その費用を日本の法人で負担することは許容され得るものと考えます。そのため，従業員に係るものについては，その費用を日本の法人で損金算入することが可能になると考えられます。ただし，役員に係るものについては，その費用の支出は，事前確定届出給与または業績連動給与の損金算入要件を満たすことができず，その費用を日本の法人で損金算入することは難しいと思われます。

3　社会保険の取扱い

　ストック・オプションは，権利付与を受けて労働者が権利行使をするか否か，また，権利行使するとした場合において，権利行使の時期や売却時期をいつにするかは労働者が判断するものとしていることから，労務の対償とするものには含まず，社会保険の対象外とされているようです（この取扱いは，平成18（2006）年に社会保険事務所に確認したものですが，経済産業省の『「攻めの経営」を促す役員報酬（平成31（2019）年5月時点版）』「Ⅱ．株式報酬，業績連動報酬に関するQ&A／Q13」にも，「ストックオプションについては，自社株をあらかじめ定められた権利行使価格で購入する権利を付与するものであり，権利の付与自体は社会保険料を徴収すべき報酬に該当しないとされています。

また，権利行使による株式取得も社会保険料の対象とならないとされています」と記載されていますので，この取扱いに変更はないと思われます）。

ただし，日本の法人がストック・オプションの権利行使益を手取額としてグロス・アップ計算する場合には，グロス・アップした源泉税相当額は報酬等に該当します。

4　労働保険の取扱い

ストック・オプションは，権利付与を受けた労働者が権利行使を行うか否か，また，権利行使するとした場合において，その時期や株式売却時期をいつにするかを労働者が決定するものとしていることから，この制度から得られる利益は，それが発生する時期および額ともに労働者の判断に委ねられているため，労務の対償ではないとされ，労働保険の対象外です（平成9年6月1日基発412号）。

ただし，日本の法人がストック・オプションの権利行使益を手取額としてグロス・アップ計算する場合には，グロス・アップした源泉税相当額は労働保険の対象です。

Q9 外国人のホームリーブ費用を負担する場合の取扱い

　会社が外国人のホームリーブ費用（一時帰国費用）を負担する場合の税務，社会保険，労働保険の取扱いを教えてください。

【概　要】

(1)　会社が負担するホームリーブに伴う旅費は，一定の要件を満たすものについては，非課税とされています。

(2)　会社が負担するホームリーブに伴う旅費は，社会保険の対象です。日本の法人（国内の適用事業所に該当するものとします。以下，本問において同様です）が外国人の帰国休暇に係る費用の会社負担額を手取額としてグロス・アップ計算する場合には，グロス・アップした源泉税相当額も報酬等に該当します。

(3)　会社が負担するホームリーブに伴う旅費は，労働保険の対象外です。ただし，日本の法人が外国人の帰国休暇に係る費用の会社負担額を手取額としてグロス・アップ計算する場合には，グロス・アップした源泉税相当額は労働保険の対象です。

【解　説】

1　所得税の取扱い

　ホームリーブとは，本国を離れ，気候，風土，社会慣習等の異なる国で勤務する者について，使用者が休暇帰国を認め，その帰国のための旅行の費用を負担する場合の休暇帰国のことをいいます。日本国内で勤務する外国人に対し休暇帰国のための旅行費用に充てるための金品を会社が支給する場合，その金品は，外国人の労働環境の特殊性（本国を離れ，気候，風土，社会慣習等の異なる国で勤務すること）に対する配慮に基づくものであることから，休暇帰国が以下の条件に該当するものであるときは，課税しない取扱いとされています

（源泉所得税関係個別通達「国内において勤務する外国人に対し休暇帰国のため旅費として支給する金品に対する所得税の取扱いについて」（昭和50年1月16日 直法6-1））。

(1)　帰国休暇の対象となる外国人は，国内において長期間引き続き勤務する者であること

(2)　帰国休暇は，就業規則等に定めるところにより，相当の勤務期間（おおむね1年以上の期間）を経過するごとに認められるものであること

(3)　帰国のための旅行に必要な支出に充てるものとして支給する金品は，その外国人と生計を一にする配偶者その他の親族に係るものも含み，日本国内とその外国人またはその外国人の配偶者の国籍または市民権の属する国との往復に要する運賃（航空機等の乗継地において，やむを得ない事情で宿泊した場合の宿泊料が含まれます）であること

(4)　(3)の往復に要する運賃は，運賃，時間，距離等の事情に照らし最も経済的かつ合理的と認められる通常の旅行の経路および方法によるものに相当する部分に限るものであること

　　上記の通達について，実務上，以下の運用がされているようです。

---

①　上記の通達は，転勤命令によって国外の会社から日本の会社に赴任する外国人に対する帰国休暇に関する取扱いであるため，日本の会社が採用した外国人には適用しない。

②　日本の会社に赴任した後1年を経過せず取得した帰国休暇については，上記(2)のおおむね1年を経過するごとに付与されるものの条件を満たさないため，給与として課税する。

③　日本に単身赴任中の外国人が，帰国休暇を取得せずに家族を日本に呼び寄せる場合，その呼び寄せに係る費用は，その費用が上記の条件に該当する場合には，課税しない。

④　外国人が帰国休暇にあたってファーストクラス，ビジネスクラスを利用する場合でも，その外国人の役職等を勘案し，合理的と判断されるときは，課税しない。

　なお，日本の法人がホームリーブ費用を負担する場合において，上記の条件に該当せずに課税されるものがあるときは，その課税されるものを手取額としてグロス・アップ計算し，源泉徴収する必要があります（所得税基本通達221－1）。

2　社会保険の取扱い

　日本の法人が負担する外国人の帰国休暇に係る費用は，社会保険の対象です。

　外国人の帰国休暇に係る費用を会社が負担する場合，その負担額は，現物給与のうち「食事で支払われる報酬等」や「住宅で支払われる報酬等」に該当せず，「その他の報酬等」に該当します。「その他の報酬等」は時価換算することとされていますので，外国人の帰国休暇に係る費用の会社負担額が報酬等に該当することになります。

　なお，日本の法人が外国人の帰国休暇に係る費用の会社負担額を手取額としてグロス・アップ計算する場合には，グロス・アップした源泉税相当額も報酬等に該当します。

　帰国休暇に係る費用に充てるための金品は，毎月支給するものではなく，年4回以上支給されるものではないため，賞与に区分されます。

3　労働保険の取扱い

　会社が負担する外国人の帰国休暇に係る費用は，労働の対償ではないため，労働保険の対象外です。

　ただし，日本の法人が外国人の帰国休暇に係る費用の会社負担額を手取額としてグロス・アップ計算する場合には，グロス・アップした源泉税相当額は労働保険の対象です。

Q10　外国人の申告書作成費用を負担する場合の取扱い

会社が外国人の申告書作成費用を負担する場合の取扱いを教えてください。

【概　要】

(1)　会社が外国人の申告書作成費用を負担する場合，その外国人に対する給与として課税されます。日本の法人が申告書作成費用を負担する場合には，その申告書作成費用を手取額としてグロス・アップ計算し，源泉徴収する必要があります。

(2)　会社が負担する外国人の申告書作成費用は，社会保険の対象外です。ただし，日本の法人（国内の適用事業所に該当するものとします。以下，本問において同様です）が外国人の申告書作成費用を手取額としてグロス・アップ計算する場合には，グロス・アップした源泉税相当額は報酬等に該当します。

(3)　会社が負担する外国人の申告書作成費用は，労働保険の対象外です。ただし，日本の法人が外国人の申告書作成費用を手取額としてグロス・アップ計算する場合には，グロス・アップした源泉税相当額は労働保険の対象です。

【解　説】

1　所得税の取扱い

会社が外国人の申告書作成費用を負担する場合，個人的な事情による費用に充てるための金品を支給するものとして，その外国人に対する給与として課税されます（所得税法36条1項）。

ただし，その申告書作成費用に，その外国人の個人的な事情による費用に該当しないもの（例えば，タックスイコライゼーション契約に基づき，会社が外部の会計事務所などに，外国人の給与手取額の計算（処遇の設定）などを委託

する場合のその委託費用）が含まれている場合は，その部分は非課税になる可能性があります。

　なお，日本の法人が申告書作成費用を負担する場合において，課税の対象となるものがあるときは，その課税されるものを手取額としてグロス・アップ計算し，源泉徴収する必要があります（所得税基本通達221－1）。

2　社会保険の取扱い

　会社が負担する外国人の申告書作成費用は，社会保険の対象外です。

　ただし，日本の法人が外国人の申告書作成費用を手取額としてグロス・アップ計算する場合には，グロス・アップした源泉税相当額は報酬等に該当します。

3　労働保険の取扱い

　会社が負担する外国人の申告書作成費用は，労働保険の対象外です。

　ただし，日本の法人が外国人の申告書作成費用を手取額としてグロス・アップ計算する場合には，グロス・アップした源泉税相当額は労働保険の対象です。

Q11 日本国外に居住する非居住者の外国人の親族の扶養控除

日本国外に居住する非居住者の外国人の親族（国外居住親族）は，扶養控除の対象になりますか。

【概　要】..

日本国外に居住する非居住者の外国人の親族（国外居住親族）が，12月31日（年の中途で死亡しまたは出国する場合は，その死亡または出国の時）に，一定の要件を満たす場合において，親族関係書類および送金関係書類を源泉徴収義務者に提出もしくは提示し，または確定申告書に添付もしくは提示するときは，扶養控除の適用を受けることができます。

【解　説】

日本国外に居住する非居住者の外国人の親族（国外居住親族）が，12月31日（年の中途で死亡しまたは出国する場合は，その死亡または出国の時）に，以下の要件を満たす場合において，親族関係書類および送金関係書類を源泉徴収義務者に提出もしくは提示し，または確定申告書に添付もしくは提示するときは，扶養控除の適用を受けることができます（所得税法2条34号・34号の2，84条，85条，120条，194条）。

---

(1) 配偶者以外の親族（6親等内の血族および3親等内の姻族）等であること
(2) 生計を一にしていること
(3) 年間の合計所得金額が38万円以下であること
(4) 青色申告者の事業専従者または白色申告者の事業専従者でないこと
(5) 16歳以上であること

親族関係書類とは，国外居住親族がその外国人と親族関係にあることを証明するための書類で，例えば，国外居住親族のパスポートや，戸籍謄本，出生証

明書，婚姻証明書などで外国政府等が発行したものなどが該当します（所得税
法施行規則47条の２第５項，73条の２第２項）。

　送金関係書類とは，国外居住親族の生活費または教育費に充てるための支払
を，必要な都度，それぞれ国外居住親族に対して行ったことを明らかにする書
類で，例えば，国外居住親族への送金した時の外国送金依頼書，国外居住親族
が使用するクレジットカード（家族カード）の利用明細書などが該当します。
居住者となった外国人が，国外居住親族に，生活費または教育費を複数年分ま
とめて送金した場合には，その送金は，送金した年のみの送金関係書類に該当
しますので，その送金をした年以外の年に，国外居住親族に対して送金がない
場合には，その国外居住親族は，扶養控除の対象外となります。また，居住者
となった外国人が，複数の国外居住親族の生活費または教育費を代表者にまと
めて送金した場合には，その代表者のみに対する送金関係書類に該当しますの
で，代表者以外の国外居住親族に送金がない場合には，代表者以外の者は，扶
養控除の対象外となります（所得税法施行規則47条の２第６項，73条の２第２項）。
居住者となった外国人が，国外居住親族の生活費または教育費に充てるための
支払を，その年に同一の国外居住親族に３回以上行った場合の送金関係書類の
提出または提示については，その年のすべての送金関係書類の提出または提示
に代えて，①居住者の氏名および住所，②支払を受けた国外居住親族の氏名，
③支払日，④支払方法，⑤支払額を記載した明細書の提出および各国外居住親
族のその年の最初と最後の支払に係る送金関係書類の提出または提示として差
し支えないこととされています（所得税基本通達120－９）。

　日本国外にいる非居住者の外国人の親族は，日常の起居を共にしていません
が，常に生活費，学資金，療養費等の送金が行われていれば，生計を一にして
いるものと取り扱われ（所得税基本通達２－47），また，非居住者（日本に恒久
的施設を有しない非居住者であるものとします。以下，本問において同様で
す）の合計所得金額は，日本で総合課税の対象となる国内源泉所得の合計額に
なりますので，その親族に国外で所得がある場合でも合計所得金額はゼロにな
り（所得税法２条30号ロ，22条，165条），親族関係書類と送金関係書類があれば，

その親族は，扶養控除の適用を受けることができると考えられます。

　ただし，その親族に多額の所得がある場合は，その親族は独立した生活を営んでいるものと認定され，また，送金額が少額である場合には，生活費の送金ではないと認定される可能性があります。

　なお，令和2（2020）年度の税制改正により，日本国外に居住する親族に係る扶養控除の適用は，令和5（2023）年1月1日以後に支払われる給与等および令和5（2023）年分以後の所得税について，以下の取扱いとなります。

---

① 非居住者である親族に係る扶養控除の対象となる親族から，年齢30歳以上70歳未満の者であって次のいずれにも該当しない者は除外されます。

　ア　留学により非居住者となった者

　イ　障害者

　ウ　その居住者からその年における生活費または教育費に充てるための支払を38万円以上受けている者

② 年齢30歳以上70歳未満の非居住者であって上記①アまたはウに該当する者に係る扶養控除の適用を受けようとする居住者は，給与等の源泉徴収，給与等の年末徴収または確定申告の際に，上記①アまたはウに該当する者であることを明らかにする書類を提出等しまたは提示する必要があります。

③ 上記①アに該当する者であることを明らかにする書類は，外国政府または外国の地方公共団体が発行した留学の在留資格に相当する資格をもって在留する者であることを証する書類です。

④ 上記①ウに該当する者であることを明らかにする書類は，現行の送金関係書類で38万円以上であることを明らかにする書類です。

Q12　外国籍の配偶者が控除対象配偶者に該当する要件

　外国人の配偶者（外国籍）が，控除対象配偶者に該当する要件を教えてください。

【概　要】

(1)　外国人の配偶者（外国籍）が，12月31日（年の中途で死亡または出国する場合は，その死亡または出国の時）に，一定の要件を満たす場合に控除対象配偶者に該当します。

(2)　配偶者が民法の規定によれない外国人の場合は，法の適用に関する通則法の24条により，本国法に定める婚姻の要件を満たすことで婚姻が成立した配偶者が対象になります。

【解　説】

　外国人の配偶者（外国籍）が，12月31日（年の中途で死亡または出国する場合は，その死亡または出国の時）に，以下の要件を満たす場合に控除対象配偶者に該当します（所得税法2条33号・33号の2，83条，85条，所得税基本通達2−46（注））。

(1)　本国法に定める婚姻の要件を満たすことで婚姻が成立した配偶者であること
　　配偶者が日本人の場合は，民法に規定する配偶者であるかどうかで判断しますが，配偶者が民法の規定によれない外国人の場合は，法の適用に関する通則法の24条により，本国法に定める婚姻の要件を満たすことで婚姻が成立した配偶者をいうとされています（所得税基本通達2−46（注））。
(2)　生計を一にしていること
(3)　年間の合計所得金額が38万円以下であること
(4)　青色申告者の事業専従者または白色申告者の事業専従者でないこと
(5)　外国人の合計所得金額が1,000万円以下であること

　外国人が控除対象配偶者を有する場合には，以下のとおり，外国人の合計所

得金額に応じて，配偶者控除の適用を受けることが可能です。

---

① 外国人の合計所得金額が900万円以下の場合
38万円（老人控除対象配偶者：48万円）
② 外国人の合計所得金額が900万円超950万円以下の場合
26万円（老人控除対象配偶者：32万円）
③ 外国人の合計所得金額が950万円超1,000万円以下の場合
13万円（老人控除対象配偶者：16万円）

　配偶者が，日本国外に居住する非居住者の場合において，親族関係書類および送金関係書類を源泉徴収義務者に提出もしくは提示し，または確定申告書に添付もしくは提示するときは，配偶者控除の適用を受けることができます（所得税法83条，85条，120条，195条の２）。親族関係書類および送金関係書類については，**Q11**をご参照ください。

Q13 日本国外に財産を有する場合の留意事項

外国人が日本国外に財産を有する場合，税務上，留意すべき点はありますか。

【概　要】

(1) 外国人が日本国外に財産を有する場合，その国外財産から生じる所得は，通常，国外源泉所得に該当するため，その取扱いは，所得税法のステータス（永住者，非永住者，非居住者（日本に恒久的施設を有しない非居住者であるものとします。以下，本問において同様です））別に異なります。

(2) 国外財産調書の提出の要否についても，所得税法のステータス別に異なります。

【解　説】

外国人が日本国外に財産を有する場合の取扱いは，所得税法のステータス（永住者，非永住者，非居住者）別に，以下のとおりです。

1　永住者の場合

(1)　日本国外の財産から所得が生じる場合

永住者の課税範囲は全世界所得のため，日本国外の財産から所得が生じる場合には，その所得はすべて日本で課税されます。したがって，その所得を含めたところで，翌年3月15日までに所得税の確定申告を行う必要があります（所得税法120条）。

(2)　国外財産調書

永住者である外国人が12月31日時点に国外に所有する財産の価額の合計が5,000万円を超える場合は，翌年3月15日までに，その国外財産の種類，数量および価額などを記載した国外財産調書を提出する必要があります（内国税の適正な課税の確保を図るための国外送金等に係る調書の提出等に関する法律（国外

送金等調書法5条1項))。

　なお，令和2（2020）年度の税制改正により，令和2（2020）年分以後の国外財産調書については，相続により国外財産を取得した場合，相続が生じた年の12月31日における国外財産調書からその相続した国外財産を除外して提出することができることとなり，この場合には，保有する国外財産が5,000万円を超えるかどうかの判定においても，その相続した国外財産を除外して判定することになります。

　国外財産調書は，提出要件に該当する場合には，所得税の確定申告を行う必要がないときでも提出する必要があります。ただし，永住者である外国人が，翌年1月1日から3月15日までの間に，納税管理人を定めないで帰任する場合は，国外財産調書を提出する必要はありません（国外送金等調書法5条1項）。

　国外財産調書が期限内に提出された場合には，国外財産に記載がある財産について所得税，相続税で申告漏れが生じた場合でも，その申告漏れ財産に係る税額の過少申告加算税または無申告加算税が5％軽減され，国外財産調書が未提出または国外財産調書に未記載の場合には，その申告漏れ財産に係る税額の過少申告加算税または無申告加算税が5％加算されます（国外送金等調書法6条1項・2項）。

　国外財産調書は，提出期限後に提出した場合でも，更正または決定を予知したものでないときは，期限内に提出されたものとみなして，過少申告加算税または無申告加算税が5％軽減されますが（国外送金等調書法6条4項），国外財産調書を提出期限までに正当な理由がなく提出しないことについて，罰則規定がありますので注意が必要です（国外送金等調書法10条2項）。

　なお，令和2（2020）年度の税制改正では，国外において行われた取引等については，税務当局の執行管轄権の制約上，直接現地に赴いて事実関係を確認することが困難であるため，納税者による適正な情報開示を促す観点から，令和2（2020）年分以後の所得税について，国外財産を有する者が，国税庁等の職員から国外財産調書に記載すべき国外財産の取得，運用または処分に係る書類のうち，その者が通常保存し，または取得することができると認められるも

のの提示または提出を求められた場合において，その提示または提出を求められた日から60日を超えない範囲内において，その提示または提出の準備に通常要する日数を勘案して職員が指定すべき日までに提示または提出をしなかったときは，加算税の軽減および加算措置が以下のとおり改正されました。

- その国外財産に係る加算税の軽減措置は適用しない。
- その国外財産に係る加算税の加算措置については，その加算する割合を10％とする。

2　非永住者の場合

(1)　日本国外の財産から所得が生じる場合
　日本国外の財産から生じる所得は，一般的には国外源泉所得に該当しますので，非永住者は，その所得について国内で支払われることがなく，また送金されることもない場合には，日本で課税されません。

(2)　国外財産調書
　外国人が，12月31日に非永住者の場合には，国外財産調書を提出する必要はありません（国外送金等調書法5条1項）。

3　非居住者の場合

(1)　日本国外の財産から所得が生じる場合
　日本国外の財産から生じる所得は，一般的には国外源泉所得に該当しますので，非居住者は，その所得について日本で課税されません。

(2)　国外財産調書
　12月31日において非居住者の場合には，国外財産調書を提出する必要はありません（国外送金等調書法5条1項）。

4　財産債務調書

　所得税の確定申告書を提出すべき者が，以下の要件に該当する場合には，財産の種類，数量および価額ならびに債務の金額などを記載した財産債務調書を，翌年の３月15日までに所得税の納税地の所轄税務署長に提出する必要があります（国外送金等調書法６条の２第１項）。

---

① その年の総所得金額および山林所得金額の合計額が2,000万円を超えること
② その年の12月31日において価額の合計額が３億円以上の財産または価額の合計額が１億円以上である国外転出特例対象財産（所得税法60条の２第１項に規定する有価証券等ならびに同条２項に規定する未決済信用取引等および同条３項に規定する未決済デリバティブ取引に係る権利をいいます）を有すること

　したがって，国外財産調書の提出が必要な者が，上記①，②の要件に該当する場合には，財産債務調書の提出も必要です。なお，この場合，財産債務調書には国外財産に係る事項（国外財産の価額を除きます）の記載を要しないこととされています（国外送金等調書法６条の２第３項）。

　なお，令和２（2020）年度の税制改正により，令和２（2020）年分以後の財産債務調書については，相続により財産または債務を取得した場合，相続が生じた年の12月31日における財産債務調書からその相続により取得した財産または債務を除外して提出できることとなり，この場合には，保有する財産の価額の合計額から相続開始年に相続した財産の価額の合計額を除外して判定することになります（国外送金等調書法６条の２第２項）。

Q14　日本国外に賃貸不動産を所有している場合の取扱い

外国人が，日本国外に賃貸不動産を所有している場合，税務上，どのような取扱いになりますか。

【概　要】

外国人が日本国外に賃貸不動産を所有している場合，その賃貸不動産から生じる所得は国外源泉所得に該当するため，その取扱いは，所得税法のステータス（永住者，非永住者）別に異なります。

【解　説】

外国人が日本国外に賃貸不動産を所有している場合の取扱いは，所得税法のステータス（永住者，非永住者）別に，以下のとおりです。

1　永住者の場合

永住者の課税範囲は全世界所得のため，日本国外に所有する賃貸不動産に係る所得は，不動産所得として日本で課税されます。

その所得が日本国外で税金を課される場合は，外国税額控除の適用が可能です（所得税法95条）。

不動産所得は，損失が生じた場合に他の所得と損益通算することができるため，国外に所在する中古建物を取得し，賃貸料収入を上回る減価償却費を計上し，不動産所得をマイナスとして他の所得と損益通算することで税金を圧縮し，建物の簿価が下がった段階で譲渡，または非居住者（日本に恒久的施設を有しない非居住者であるものとします。以下，本問において同様です）になることで税額を圧縮する節税プランがあります（例えば，不動産所得のマイナスを給与所得と相殺することで，最大で相殺額の55.945％に相当する金額の税金を圧縮することが可能です。数年後にその建物の減価償却が終了し，その建物を売却する場合において，その建物の所有期間が1月1日現在で5年を超えるとき

は，その建物のキャピタルゲインに対する税率は20.315％となりますので，建物を所有しなかった場合よりも，建物を所有するほうがトータル的な税額が圧縮されることになります。また，帰任後，非居住者になってからその建物を売却する場合には，国外財産のキャピタルゲインは国外源泉所得であるため，課税されません）。この節税プランでは，日本国外で賃貸不動産の所得に対して税金を課されることがあっても，不動産所得は損失になることから，国外源泉所得は生じませんので，外国税額控除は適用されません。そのため，日本国外で課された税金は，必要経費に算入することを選択することになります（所得税法46条）。

　12月31日時点で，その日本国外に所有する賃貸不動産を含めて，国外に所有する財産の価額の合計が5,000万円を超える場合は，翌年3月15日までに，その国外財産の種類，数量および価額などを記載した国外財産調書を提出する必要があります（国外送金等調書法5条1項）。

　なお，令和2（2020）年度の税制改正により，国外中古建物について，上記の節税プランを封じ込めるために，令和3（2021）年以後の各年において，以下の方法により耐用年数を計算した国外中古資産から生ずる不動産所得を有する場合において，その年分の不動産所得の金額の計算上，国外不動産所得の損失の金額があるときは，その国外不動産所得の損失のうち国外中古建物の償却費に相当する部分の金額は，生じなかったものとみなすことになります。

⑴　法定耐用年数の全部を経過した資産について，その法定耐用年数の20％に相当する年数を耐用年数とする方法

⑵　法定耐用年数の一部を経過した資産について，その資産の法定耐用年数から経過年数を控除した年数に，経過年数の20％に相当する年数を加算した年数を耐用年数とする方法

⑶　その用に供した時以後の使用可能期間の年数を耐用年数とする方法（その耐用年数を国外中古建物の所在地国の法令における耐用年数としている旨を明らかにする書類その他その使用期間の年数が適切であることを証する一定の書類の添付がある場合は除かれます）

　上記により生じなかったものとみなされた償却費に相当する部分の金額は，上記の国外中古建物を譲渡する場合における譲渡所得の金額の計算で，取得費から控除されることになる償却費の額の累計額から除外されることになります。

2　非永住者の場合

　日本国外に所有する賃貸不動産に係る所得は国外源泉所得となるため，不動産の賃貸料が外国人の国内の口座に直接振り込まれたり，日本国外から送金されることがない限り，日本で課税されません。

　日本国内で支払われるものがなく，国外から日本国内への送金もないときは，国外勤務地国で課税される不動産所得は，日本で課税対象外になり，その不動産所得について国外で課税される場合でも，二重課税は生じていないため外国税額控除の適用はありません（所得税基本通達95－29）。

Q15　外国人が日本で死亡した場合の取扱い

　外国人が，不幸にも日本で死亡した場合，税務上，どのような取扱いになりますか。

【概　要】

　日本に赴任中の外国人が死亡した場合において，相続の開始前15年以内に日本国内に住所を有していた期間が10年以下であるときは，その外国人の財産を相続する家族の課税範囲は，基本的に国内財産のみに相続税が課されることになります。

【解　説】

　日本に赴任中の外国人が死亡した場合において，相続の開始前15年以内に日本国内に住所を有していた期間が10年以下であるときは，その外国人の財産を相続する家族の課税範囲は，【図表3－14】の①または②の部分になり，国内財産のみに相続税が課されることになりますが，相続の開始前15年以内に日本国内に住所を有していた期間が10年を超えるときは，その外国人の財産を相続する家族の課税範囲は，【図表3－14】の③または④になり，国内・国外財産ともに相続税が課されます（相続税法1条の3）。

【図表3−14】外国人が日本で死亡した場合の税務

被相続人 贈与者 ＼ 相続人 受贈者	国内に住所あり	国内に住所なし		
	一時居住者（※1）	日本国籍あり		日本国籍なし
		10年以内に住所あり	10年以内に住所なし	
国内に住所あり	③			④
一時居住被相続人（※1）一時居住贈与者（※1）	①			②
国内に住所なし／10年以内に住所あり	国内・国外財産ともに課税			
相続税 外国人（10年以内に住所なし） 贈与税 短期滞在外国人（※2）長期滞在外国人（※3）			国内財産のみに課税	
10年以内に住所なし				

※1　出入国管理法別表第1の在留資格で滞在している者で，相続・贈与前15年以内において国内に住所を有していた期間の合計が10年以下の者

※2　出国前15年以内において国内に住所を有していた期間の合計が10年以下の外国人（その期間引き続き日本国籍を有していなかったもの）

※3　出国前15年以内において国内に住所を有していた期間の合計が10年超の外国人（その期間引き続き日本国籍を有していなかったもの）で出国後2年を経過した者

（出所）財務省「平成30年度 税制改正の解説」の資料に一部加筆

Q16　外国人への労働基準法の適用

　外国人に日本の労働基準法は適用されますか。

【概　要】..

　絶対的強行法規である労働法規は，当事者間の準拠法の指定にかかわらず就
労地が日本の場合には，就労地である日本の労働基準法が適用されると考えら
れています。

【解　説】

　法の適用に関する通則法では，原則として，労働契約の準拠法は，当事者が
選択した国のものが適用されるため，準拠法を日本以外の国とした場合には，
日本の労働基準法ではなく，他国の労働法が適用されます（法の適用に関する
通則法7条）。

　ただし，法の適用に関する通則法では，上記の原則に対する例外として，労
働契約の準拠法が他の国のでも，労働者が労働している国の強行法規を適用す
べきと意思表示すると，その強行法規が適用されることが規定されていますの
で，他国の労働法を準拠法としていても，労働者が日本の労働基準法を適用す
べきと意思表示すると，他国の労働法の他に，日本の労働基準法も適用される
ことになります（法の適用に関する通則法12条）。

　すなわち，労働者が，準拠法を他国の労働法としている場合，労働者が日本
の労働基準法を適用すると意思表示をしない限り，日本の労働基準法の効果は
その労働者には及ばないことになります。

　しかし，上記の考え方は国際私法の観点による当事者自治に基づくものであ
り，労働法規については，絶対的強行法規であることから，準拠法の選択の自
由がそのまま承認されるものではないとされています。そのため，絶対的強行
法規である労働法規は，当事者間の準拠法の指定にかかわらず就労地が日本の
場合には，就労地である日本の労働基準法が適用されると考えられています。

Q17 外国人が新型コロナウイルス感染症の影響により日本に再入国できない場合の取扱い

　日本で新型コロナウイルス感染症が拡大したため家族とともに本国に一時帰国した外国人が，日本政府の新型コロナウイルス感染症対策により日本に再入国できない場合，どのような取扱いになりますか。

【概　要】..

　日本で新型コロナウイルス感染症が拡大したため家族とともに本国に一時帰国した外国人が，日本政府の新型コロナウイルス感染症対策により日本に再入国できない場合の取扱いは，次のとおりです。

⑴　永住者または非永住者である外国人について，次の事実が生じた場合には，その事実が生じた日以降，その外国人は非居住者（日本に恒久的施設を有しない非居住者であるものとします。以下，本問において同様です）として取り扱われます。
　①　本国に一時帰国後日本に再入国できず，本国に一時帰国後1年経過したとき
　②　本国に一時帰国後日本に再入国できず，本国に一時帰国後1年経過前に日本から帰任することを決定したとき
⑵　外国人が，令和元（2019）年分の確定申告書を未提出のときは，申告期限および納付期限の個別延長申請が認められると思われます。
⑶　本国に帰任しない場合には，社会保険の取扱いに変更はありません。
⑷　本国に帰任しない場合には，労働保険の取扱いに変更はありません。

【解　説】

1　税　務

(1)　非居住者への変更

　日本で新型コロナウイルス感染症が拡大したため家族とともに本国に一時帰国した外国人が，日本政府の新型コロナウイルス感染症対策により日本に再入国できない場合において，永住者または非永住者である外国人について次の事実が生じたときは，その事実が生じた日以降，その外国人は非居住者として取り扱われます（所得税法施行令15条1項，所得税基本通達3－3）。

> ①　本国に一時帰国後日本に再入国できず，本国に一時帰国後1年経過したとき
> ②　本国に一時帰国後日本に再入国できず，本国に一時帰国後1年経過前に日本から帰任することを決定したとき

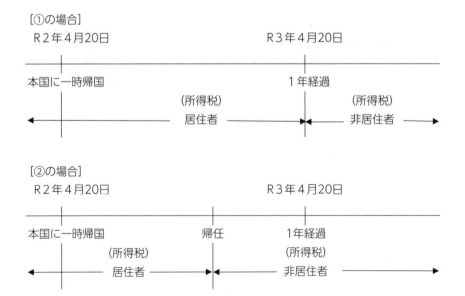

[①の場合]

R2年4月20日　　　　　　　　　　　R3年4月20日

本国に一時帰国　　　　　　　　　　1年経過

（所得税）　　　　　　　　　　（所得税）
居住者　　　　　　　　　　　　非居住者

[②の場合]

R2年4月20日　　　　　　　　　　　R3年4月20日

本国に一時帰国　　　　　　帰任　　1年経過

（所得税）　　　　　　　　　　（所得税）
居住者　　　　　　　　　非居住者

(2) 課税の取扱い

　課税の取扱いの詳細については第1章，帰任の取扱いの詳細については，第4章および第5章をご参照ください。

(3) 申告・納付等の期限の個別延長

　令和元（2019）年分の所得税の確定申告は，新型コロナウイルス感染症の拡大状況に鑑み，感染拡大によって外出を控えるなどのため，令和2（2020）年4月16日の期限までに申告することが困難であった場合には，申告期限および納付期限の個別延長が認められることになりました。取扱いの詳細は，以下のとおりです（国税庁HP「新型コロナウイルス感染症に関する対応等について」「国税における新型コロナウイルス感染症拡大防止への対応と申告や納税などの当面の税務上の取扱いに関するFAQ」「1　申告・納付等の期限の個別延長関係」）。

---

① 申告書の作成等が可能になった時点で税務署へ個別に申請することにより，申告期限が延長される

② 申告期限の延長に関する個別の申請は，申告書の提出時に，余白に「新型コロナウイルスによる申告・納付期限延長申請」といった文言を付記するなどの簡易な手続で行うことができる

③ 申告期限および納付期限は原則として申告書の提出日となる

④ 新型コロナウイルス感染症に関しては，これまでの災害時に認められていた理由のほか，例えば，次のような理由により，申告書などの国税の申告・納付の手続に必要な書類等の作成が遅れ，その期限までに申告・納付等を行うことが困難な場合には，個別の申請による期限延長（個別延長）が認められる（国税通則法11条，国税通則法施行令3条3項・4項）。

ア　税務代理等を行う税理士（事務所の職員を含みます）が感染症に感染したこと

イ　納税者や法人の役員，経理責任者などが，現在，外国に滞在しており，ビザが発給されないまたはそのおそれがあるなど入出国に制限等があること

　ウ　次のような事情により，企業や個人事業者，税理士事務所などにおいて通常の業務体制が維持できない状況が生じたこと
　　• 経理担当部署の社員が感染症に感染した，または感染症の患者に濃厚接触した事実がある場合など，当該部署を相当の期間，閉鎖しなければならなくなったこと
　　• 学校の臨時休業の影響や，感染拡大防止のため企業が休暇取得の勧奨を行ったことで，経理担当部署の社員の多くが休暇を取得していること
　　• 緊急事態宣言などがあったことを踏まえ，各都道府県内外からの移動を自粛しているため，税理士が関与先を訪問できない状況にあること
　エ　納税者や経理担当の（青色）事業専従者が感染症に感染した，または感染症の患者に濃厚接触した事実があること
　オ　次のような事情により，納税者が，保健所・医療機関・自治体等から外出自粛の要請を受けたこと
　　• 感染症の患者に濃厚接触した疑いがある
　　• 発熱の症状があるなど，感染症に感染した疑いがある
　　• 基礎疾患があるなど，感染症に感染すると重症化するおそれがある
　　• 緊急事態宣言などにより，感染拡大防止の取組みが行われている
⑤　上記④以外の理由でも，個別の申請により申告期限等が延長される場合がある

　外国人が，本国に一時帰国後日本に再入国できない場合において，上記④イの事由に該当すると考えられますので，令和元（2019）年分の確定申告書を未提出の場合には，申告期限および納付期限の個別延長申請が認められると思われます。

2　社会保険

　日本で新型コロナウイルス感染症が拡大したため本国に一時帰国した外国人が，日本政府の新型コロナウイルス感染症対策により日本に再入国できない場合でも，帰任しないときは社会保険の取扱いに変更はありません。

　外国人が日本に再入国できないために，日本から帰任することを決定した場

合の取扱いの詳細については，第４章および第５章をご参照ください。

3　労働保険

　日本で新型コロナウイルス感染症が拡大したため本国に一時帰国した外国人が，日本政府の新型コロナウイルス感染症対策により日本に再入国できない場合でも，帰任しないときは労働保険の取扱いに変更はありません。

　外国人が日本に再入国できないために，日本から帰任することを決定した場合の取扱いの詳細については，第４章および第５章をご参照ください。

第**4**章

帰任前

Q1 外国人が帰任する場合の留意事項

　外国人が帰任する場合に，税務，社会保険，労働保険で留意点があれば教えてください。

【概　要】

(1)　帰任によって日本国内に住所および居所を有しないことになる場合（非居住者（日本に恒久的施設を有しない非居住者であるものとします。以下，本問において同様です）となる場合）には，帰任日までに年末調整を行う必要があります。

(2)　確定申告書を提出する必要がある永住者または非永住者である外国人が，納税管理人の届出をしないで日本国内に住所および居所を有しないことになる場合は，日本国内に住所および居所を有しないことになる時（帰任時）までに確定申告を行う必要があるため，帰任時までに所得税の納税管理人の届出を行うのが一般的です。

(3)　外国人が帰任する場合の帰国後の納税地は，帰国直前に納税地であった場所（住所地）になります。

(4)　外国人が6月29日までに帰任した場合，予定納税の納付義務はありません。外国人が6月30日以降に帰任した場合，減額申請により，予定納税額を減額できる可能性があります。

(5)　外国人が住民税の賦課期日前に帰任する場合において，未納住民税があるときや，外国人が賦課期日（1月1日）後で賦課税額が通知される前に帰任するため，住民税の納付が困難になる場合は，納税に関する一切の事項を処理させるため，住民税の納税管理人を定める必要があります。

(6)　帰任を予定している外国人に対して退職金を支給する場合には，住民税の現年分離課税制度を踏まえ，退職のタイミングや支払方法を，慎重に検討する必要があります。

(7)　社会保険については，資格喪失手続を行う必要があります。一定の要件を

満たせば，帰国後に脱退一時金を請求することが可能です。
(8)　労働保険については，通常は，特に手続する必要はありません。

【解　説】

1　税　務

(1)　所得税

①　年末調整

　日本の法人から給与の支払がある永住者または非永住者である外国人で，年末調整の対象になる者（年末調整の対象となる給与等の支給額が2,000万円以下の者で，扶養控除等申告書を提出した者）が，帰任によって日本国内に住所および居所を有しないことになる場合（非居住者となる場合）には，帰任日までに年末調整を行う必要があります（所得税法190条，所得税基本通達190－1）。

　なお，年末調整にあたっては，以下の点に留意する必要があります。

---

①　社会保険料や生命保険料などの控除は，居住者期間に，実際に支払われたものに限られます。

②　親族が，扶養控除，配偶者控除，配偶者特別控除の控除対象となるかどうかは次により判定します（所得税法85条，所得税基本通達85－1）。

　ア　生計を一にしていたかどうかおよび親族関係にあったかどうかは，出国の時の現況により判定します。

　イ　合計所得金額は，出国の時の現況により見積ったその年の1月1日から12月31日までの合計所得金額により判定します。

---

②　確定申告期限

ア　納税管理人の届出を行わないで帰任する場合

　確定申告書を提出する必要がある永住者または非永住者である外国人が，納税管理人の届出を行わないで日本国内に住所および居所を有しないことになる場合は，日本国内に住所および居所を有しないことになる時（帰任時）までに

確定申告を行う必要があります（所得税法2条42号，126条，127条）。

イ　納税管理人の届出を行って帰任する場合

　確定申告書を提出する必要がある永住者または非永住者である外国人が，日本国内に住所および居所を有しないことになる時（帰任時）までに納税管理人の届出を提出した場合は，翌年3月15日までに確定申告することになります（所得税法2条42号，120条）。外国人が帰任する場合，その帰任時までに，その外国人の1月1日から帰任時までの期間の給与収入に関する情報を収集することは困難であるため，帰任時までに納税管理人の届出を行い，翌年3月15日までに確定申告を行うのが一般的です。

③　納税管理人の届出

　国税通則法では，納税管理人は，納税者が日本住所および居所を有しないまたは有しないこととなる場合において，納税に関する事項を処理する必要があるときに定めなければならないとされ（国税通則法117条1項），納税管理人を選任するためには，納税地を所轄する税務署に納税管理人の届出書を提出する必要があります（国税通則法117条2項）。納税管理人の届出書は，「提出時期に具体的な制約がない書類」として，従来どおり到達主義が適用されることから，帰任時までに税務署に到達するように早めの手配が必要です。外国人が，帰国時までに納税管理人の届出も確定申告も行わずに帰国した場合には，その外国人が翌年3月15日までに確定申告を行ったとしても，期限後申告とされ，無申告加算税や延滞税が課される可能性がありますので，注意が必要です。

　納税管理人の資格要件は特に定められていないため，日本に住所または居所を有する者であれば，誰でも選任することが可能です（国税通則法117条1項，国税通則法基本通達117条関係2）。

　納税管理人は税務に関する事務を行うために定められるものであるため，納税者が税金を納付しない場合でも，その納税に関する連帯債務責任はありません（国税通則法117条1項，国税通則法基本通達117条関係3）。

④ 納税管理人の届出を行って帰任する場合の扶養親族等の判定の時期

　永住者または非永住者である外国人が，日本国内に住所および居所を有しないことになる時（帰任時）までに納税管理人の届出を提出した場合には，その外国人の親族が，扶養控除，配偶者控除，配偶者特別控除の控除対象となるかどうかは次により判定します（所得税法85条，所得税基本通達85－1，165－1）。

> ① 　生計を一にしていたかどうかおよび親族関係にあったかどうかは，その年の12月31日の現況により判定します。
> ② 　合計所得金額は，その年の12月31日の現況により判定します。

⑤ 納税地

　所得税の納税地は，以下のとおり定められています（所得税法15条，所得税法施行令54条）。

1．国内に住所を有する場合	その住所地
2．国内に住所を有せず，居所を有する場合	その居所地
3．1・2以外の恒久的施設を有する非居住者である場合	その恒久的施設を通じて行う事業に係る事務所等の所在地
4．1・2により納税地を定められていた者が国内に住所および居所を有しないこととなった場合において，3の事務所等を有せず，その納税地となった場所に親族等が引き続きその者に代わって居住しているとき	その納税地とされていた場所
5．1から4以外で国内にある不動産等の対価（船舶または航空機の貸付けによるものを除く）を受ける場合，2により納税地を定められていた者が国内に住所および居所を有しないこととなった場合において，3の事務所等を有せず，その納税地となった場所に親族等が引き続きその者に代わって居住しているとき	その対価に係る資産の所在地（その資産が2以上ある場合には，主たる資産の所在地）

6．1から5までの規定により納税地を定められていた者がいずれにも該当しないことになった場合	その該当しないこととなった時の直前において納税地であった場所
7．1から6以外で，その者が国に対し所得税に関する法律の規定に基づく申告・請求その他の行為をする場合	その者が選択した場所
8．1から7以外の場合	麹町税務署の管轄区域内の場所

　外国人が帰任する場合の帰国後の納税地は，上記6の帰国直前に納税地であった場所（住所地）になります。

⑥　予定納税

　所得税の予定納税とは，前年分の所得税の納税状況によって，所得税を前払いする制度です。具体的には，6月30日において居住者である者が，その年の5月15日現在において確定している前年分の所得金額や税額などを基に計算した予定納税基準額が15万円以上である場合に，その予定納税基準額の3分の1に相当する金額の所得税を，それぞれ以下の期に国に納付する制度です（所得税法104条，105条，166条）。

> ・第1期：7月1日から7月31日まで
> ・第2期：11月1日から11月30日まで

　予定納税基準額とは，以下のアからイを控除した金額です。

> ア　前年分の課税総所得金額に係る所得税の額（譲渡所得の金額，一時所得の金額，雑所得の金額，雑所得に該当しない臨時所得の金額がある場合には，一定の方法により，これらの金額がなかったものとみなして計算した額となります）
> イ　前年分の課税総所得金額の計算の基礎となった各種所得につき源泉徴収をされたまたはされるべきであった所得税の額（一時所得，雑所得，雑所得に該当しない臨時所得がある場合には，これらの所得につき源泉徴収をされたま

> たはされるべきであった所得税の額を控除した額となります）

　外国人が帰任により非居住者となった場合の予定納税については，以下の取扱いとなります。

ア　6月29日までに帰任した場合

　予定納税の納付義務者は，6月30日時点で居住者または総合課税を受ける非居住者である者に限られています（所得税基本通達105－2）。外国の法人（日本の法人とは別法人とし，本店・支店関係はないものとします。以下，本問において同様です）から日本の法人に派遣される外国人は，帰任後に総合課税を受ける非居住者には該当しないことが多いので，外国人が6月29日までに帰任し，6月30日現在に非居住者になった場合には，通常，その外国人は予定納税の納付義務はありません。その外国人に対して予定納税額の通知がされているときには，その通知を発した税務署へ連絡すれば，予定納税の通知は取り消されます。

イ　6月30日以降に帰任した場合

　予定納税の納付義務者である外国人が，6月30日以降に帰任し非居住者となる場合，通常，その外国人の帰任後の勤務に係る給与は国内源泉所得には該当しませんので，帰任年の所得税は，前年のものに比較して少なくなります。その場合には，税務署長に予定納税の減額申請を提出することが可能です。その減額申請が税務署長によって承認されれば，予定納税額は減額されます。

⑦　減額承認申請

　その年の6月30日の現況で所得税および復興特別所得税の見積額が予定納税基準額よりも少なくなる場合は，7月15日までに所轄の税務署長に「予定納税額の減額申請書」を提出し承認されれば，第1期および第2期の予定納税額は減額されます。

　また，10月31日の現況で所得税および復興特別所得税の見積額が予定納税基準額よりも少なくなる場合は，11月15日までに所轄の税務署長に「予定納税額の減額申請書」を提出し承認されれば，第2期の予定納税額は減額されます（所得税法111条，112条，113条，114条）。

(2) 住民税

① 賦課期日との関係

　住民税は，賦課期日（1月1日）において住民基本台帳に記録されている者に対して課されるため（地方税法294条1項・2項），賦課期日前に帰任する場合には，その賦課期日に対応する年度の住民税の納税義務はありません。

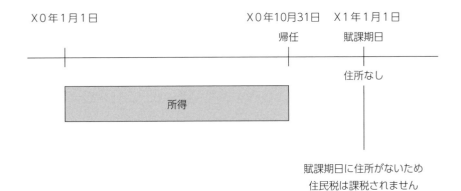

② 納税管理人の届出

　外国人が賦課期日前に帰任する場合において，未納住民税があるときや，外国人が賦課期日（1月1日）後で賦課税額が通知される前に帰任するため，住民税の納付が困難になる場合は，納税に関する一切の事項を処理させるため，住民税の納税管理人を定めることとされています（地方税法300条1項）。

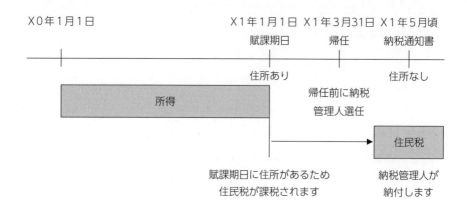

ただし，帰任する外国人が，住民税の徴収の確保に支障がないことについて自治体の長に申請してその認定を受けたときは，納税管理人を定めることを要しないとされています（地方税法300条2項）。以下の場合には，納税管理人を定めないことを要しないとして認定を受けることができるとされています。

- 外国人の住民税について，口座振替による納税が継続される場合
- 外国人が帰任する前に，住民税の全額を納付する場合

なお，納税管理人の資格要件は特に定められておらず，納税者が税金を納付しない場合でも，その納税に関する連帯債務責任はありません。

③ 退職金の現年分離課税

住民税は，所得税の源泉徴収の対象となる退職金については，退職金の支払を受けるべき日の属する年の1月1日現在における住所所在の自治体で課税され，退職金から住民税が徴収（特別徴収）されます（地方税法50条の2，328条）。

この特別徴収の対象となる退職金は，退職金を受ける年にその他の所得と区分して課税されるものであり（現年分離課税），以下の特徴があります。

ア	損益通算は行われず，繰越損失控除も行われない

ア　損益通算は行われず，繰越損失控除も行われない
イ　所得控除，外国税額控除の適用はない
ウ　確定申告の対象にはならない
エ　退職後に死亡または出国により翌年1月1日現在に自治体に住所がない場合
　　でも，退職金について住民税の納税義務がある

　なお，退職金について，所得税法199条により所得税を源泉徴収して納付する者以外から支払を受ける場合には，現年分離課税の対象にならないため，以下の者が支払う退職金については，退職所得の生じた年の翌年に他の所得と総合して所得割が課されることになります。

（ア）常時2人以下の家事使用人のみに対し給与等の支払をする者
（イ）給与の支払をする者のうち租税条約等により所得税の源泉徴収義務を負わない者
（ウ）外国の法人

　また，現年分離課税の対象となる退職金は，所得税法199条の規定により所得税を源泉徴収して納付するものに限られることから，外国人が帰任後に退職し，所得税法上の非居住者となってから退職金が支給される場合には，所得税法199条の規定の適用はないため，現年分離課税の対象にはならないと考えられます。したがって，外国人が帰任にあたって退職金の支給を受ける場合，その退職金を帰任前（居住者期間）に支給するか，帰任後（非居住者期間）に支給するかによって取扱いが異なると考えられますので，帰任を予定している外国人に対して退職金を支給する場合には，退職のタイミングや支払方法を，慎重に検討する必要があります。具体的な取扱いついては，第1章Q7をご参照ください。

2 社会保険

(1) 資格喪失手続

　外国人が帰任する場合は，日本の法人（国内の適用事業所に該当するものとします）との使用関係がなくなりますので，被保険者資格を喪失します。そのため，資格喪失の事実が生じた日から5日以内に「被保険者資格喪失届」を日本年金機構に提出する必要があります。

(2) 脱退一時金の請求

　外国人が，国民年金，厚生年金保険に一定期間加入する場合には，帰国後に脱退一時金の請求が可能です。詳細については，第5章Q4，Q5，Q6をご参照ください。

3 労働保険

　外国の法人から日本の法人に派遣される外国人は，一般的に，雇用保険は適用されませんので，雇用保険に関する手続は不要です。雇用保険に加入している外国人が帰任する場合は，帰任に伴い雇用保険の被保険者資格を喪失することになりますので，被保険者でなくなった事実があった日の翌日から起算して10日以内に「雇用保険被保険者資格喪失届」を，事業所を管轄するハローワークに提出する必要があります。

　労災保険については，帰任時に特に手続は必要ありません。

Q2 　出国税

外国人が帰任する場合に出国税が課されることがあるのでしょうか。

【概　要】..

　国外転出の日前10年以内において，国内在住期間が５年を超えている場合には，出国税の対象となりますが，この国内在住期間には，入出国管理及び難民認定法別表第一の上欄の在留資格で在留していた期間は含まれないこととされていますので，役員就任，出向，出張，研修のために来日する外国人の多くは，出国税が適用されません。

【解　説】

　出国税（国外転出時課税）は，以下の場合に，対象資産を譲渡または決済したものとみなして，対象資産の含み益に対して所得税を課税するものです（所得税法60条の２）。

---

(1) 国外転出（国内に住所および居所を有しないことになること）する居住者であること
(2) 国外転出時に以下の資産（対象資産）の価額の合計額が１億円以上であること
  • 有価証券（国債，社債，株式，投資信託，ストック・オプション（国内源泉所得となるものは除かれます）など）
  • 匿名組合の出資持分
  • 未決済の信用取引・発行日取引
  • 未決済のデリバティブ取引（先物取引，オプション取引など）
(3) 国外転出の日前10年以内において，国内在住期間が５年を超えていること

　国内在住期間には，入出国管理及び難民認定法別表第一の上欄の在留資格（外交，公用，教授，芸術，宗教，報道，高度専門職，経営・管理，法律・会計業務，医療，研究，教育，技術・人文知識・国際業務，企業内転勤，興行，

技能，特定技能，技能実習，文化活動，短期滞在，留学，研修，家族滞在，特定活動）で在留していた期間は含まれないこととされていますので（所得税法施行令170条2項），役員就任，出向，出張，研修のために来日する外国人の多くは，出国税が適用されません。なお，別表第二の永住者，日本人の配偶者等，永住者の配偶者等，定住者は，上記の国内在住期間に含まない点には，注意が必要です（ただし，平成27（2015）年6月30日までの間に滞在していた期間はないものとされています）。

第 5 章

帰 任 後

Q1　帰任後の給与・賞与の取扱い

帰任後の外国人に支払う給与・賞与の税務，社会保険，労働保険の取扱いを教えてください。

【概　要】..

(1) 帰任後の外国人（非居住者（日本に恒久的施設を有しない非居住者であるものとします。以下，本問において同様です））に対して給与，賞与を支払う場合，国内勤務に基因する部分が課税対象になります。

(2) 帰任後の外国人（非居住者）に対して給与，賞与が日本の法人から支払われる場合と，外国の法人（日本の法人とは別法人とし，本店・支店関係はないものとします。以下，本問において同様です）から支払われる場合で，取扱いが異なります。

(3) 住民税は，賦課期日（1月1日）において住民基本台帳に記録されている者に対して課されるため，賦課期日前に帰任する場合には，その賦課期日に対応する年度の住民税の納税義務はありません。そのため，帰任後に支払う給与，賞与のうちに国内源泉所得に該当するものがある場合でも，住民税は課税されません。

(4) 社会保険では，資格喪失後に支払われる給与，賞与は報酬には該当しないとされていますので，帰任後に日本の法人（国内の適用事業所に該当するものとします。以下，本問において同様です）から支払われる給与，賞与は，社会保険の対象外です。

(5) 労働保険では，退職後に支払われる給与，賞与は，就業規則や労働契約に基づき支給するのが一般的であることから，賃金に該当するとされていますので，外国人に対して帰任後に会社から支払われる給与，賞与は，労働保険の対象です。

【解　説】

1　税　務

(1)　所得税

　帰任後の外国人（非居住者）に対して給与，賞与を支払う場合，国内勤務に基因する部分が課税対象になります。給与，賞与が日本の法人から支払われる場合と，外国の法人から支払われる場合で，以下のとおり取扱いが異なります（所得税法161条12号イ）。

①　帰任後に給与，賞与を日本で支払う場合（日本の法人から支払う場合）

　日本の法人が，外国人に対して，その外国人が帰任し非居住者になってから給与，賞与を支払う場合において，国内勤務に基因する部分（国内源泉所得）があるときは，日本の法人は，その国内源泉所得の金額に20.42％の税率で源泉徴収し，翌月10日までに源泉税を納付する必要があります（所得税法212条）。

　なお，外国人が日本の法人の役員である場合は，その給与，賞与は，すべて国内源泉所得となります。

　日本の法人の役員以外である場合，国内源泉所得は，以下の方法で計算します（所得税基本通達161－41）。

$$給与の総額 \times \frac{国内において行った勤務の期間}{給与の総額の計算の基礎となった期間}$$

　ただし，給与，賞与の計算期間の中途で帰任する外国人については，事務簡素化の観点から，以下の要件を満たす給与，賞与については，その給与，賞与の全額を課税しないことが認められています（所得税基本通達212－5）。

- 給与，賞与の計算期間の中途に居住者から非居住者になること
- 非居住者になった日以後に給与の支給期が到来すること
- 給与，賞与の計算期間が1月以下であること

なお，外国人に支払われる給与，賞与が，①居住者に対して支払われるものと，②非居住者に対して支払われるもののどちらに該当するかは，その外国人の支給日におけるステータスによって判定します。

② 帰任後に給与，賞与を海外で支払う場合（外国の法人から支払う場合）

外国の法人が，外国人に対して，その外国人が帰任し非居住者になってから給与，賞与を支払う場合において，国内勤務に基因する部分（国内源泉所得）があるときは，その外国の法人はその給与，賞与について源泉徴収を行わないことから，その外国人は，国内源泉所得を上記①と同様の方法で計算し，翌年3月15日までに確定申告（所得税法172条による準確定申告）する必要があります（所得税法172条）。

(2) 住民税

住民税は，賦課期日（1月1日）において住民基本台帳に記録されている者に対して課されるため（地方税法294条1項・2項），賦課期日前に帰任する場合には，その賦課期日に対応する年度の住民税の納税義務はありません。そのため，帰任後に支払う給与，賞与のうちに国内源泉所得に該当するものがある場合でも，住民税は課税されません。

2 社会保険

① 帰任後に給与，賞与を日本で支払う場合（日本の法人から支払う場合）

社会保険では，資格喪失後に支払われる給与，賞与は報酬には該当しないとされていますので，帰任後に日本の法人から支払われる給与，賞与は，社会保険の対象外です。

② 帰任後に給与，賞与を海外で支払う場合（外国の法人から支払う場合）

外国の法人から支払われる給与，賞与は，社会保険の報酬の対象外です。

3　労働保険

　労働保険では，退職後に支払われる給与，賞与は，就業規則や労働契約に基づき支給するのが一般的であることから，賃金に該当するとされています。したがって，外国人に対して帰任後に会社から支払われる給与，賞与は，労働保険の対象です。

Q2 帰任後の退職金の取扱い

　帰任後の外国人に支給する退職金の税務，社会保険，労働保険の取扱いを教えてください。

【概　要】

(1)　帰任後の外国人（非居住者（日本に恒久的施設を有しない非居住者であるものとします。以下，本問において同様です））に対して退職金が支払われる場合，国内勤務に基因する部分（国内源泉所得）が課税対象になります。

(2)　帰任後の外国人（非居住者）に対して退職金が日本の法人から支払われる場合と，外国の法人（日本の法人とは別法人とし，本店・支店関係はないものとします。以下，本問において同様です）から支払われる場合で，取扱いが異なります。

(3)　非居住者が退職金の支払を受ける場合は，その退職金の総額を居住者として支払を受けたものとみなして，退職金の額から退職所得控除額を差し引いた金額に2分の1を掛けて退職所得金額を算出し，その退職所得金額に所得税の累進課税率を乗じて，退職金に係る税額を計算する方法を選択することが可能です。

(4)　帰任後の外国人（非居住者）に対して退職金が支払われる場合，現年分離課税の対象にはならないと考えられ，賦課期日（1月1日）において住民基本台帳に記録されている者にも該当しませんので，退職金について，住民税の納税義務はないと考えられます。

(5)　退職金は，社会保険の対象外です。

(6)　退職金は，労働保険の対象外です。

【解　説】

1　税　務

(1)　所得税

　帰任後の外国人（非居住者）に対して退職金が支払われる場合，国内勤務に基因する部分（国内源泉所得）が課税対象になります。具体的な課税方法は，以下のとおりです（所得税法161条12号ハ）。

①　帰任後に退職金を日本で支払う場合（日本の法人から支払う場合）

　日本の法人が，外国人に対して，その外国人が帰任し非居住者になってから退職金を支払う場合において，国内勤務に基因する部分（国内源泉所得）があるときは，日本の法人は，その国内源泉所得の金額に20.42％の税率で源泉徴収し，翌月10日までに源泉税を納付する必要があります（所得税法212条）。

　なお，外国人が日本の法人の役員である場合は，その退職金は，すべて国内源泉所得となります。

　日本の法人の役員以外である場合，国内源泉所得は，以下の方法で計算します（所得税基本通達161－41）。

$$退職手当等の総額 \times \frac{居住者であった期間に行った勤務等の期間（原則）}{退職手当等の総額の計算の基礎となった期間}$$

　なお，外国人に支払われる退職金が，①居住者に支払われるものと，②非居住者に支払われるもののどちらに該当するかは，原則として，その外国人が役員の場合は，株主総会等の決議日，役員以外の従業員の場合には退職日におけるステータスによって判定します。

②　帰任後に退職金を海外で支払う場合（外国の法人から支払う場合）

　外国の法人が，外国人に対して，その外国人が帰任し非居住者になってから退職金を支払う場合において，国内勤務に基因する部分（国内源泉所得）があ

るときは，その外国の法人はその退職金について源泉徴収を行わないことから，その外国人は，国内源泉所得を上記①と同様の方法で計算し，翌年3月15日までに確定申告（所得税法172条による準確定申告）する必要があります（所得税法172条）。

③　退職所得についての選択課税

　非居住者が退職金の支払を受ける場合は，その退職金の総額を居住者として支払を受けたものとみなして，退職金の額から退職所得控除額を差し引いた金額に2分の1を掛けて退職所得金額を算出し，その退職所得金額に所得税の累進課税率を乗じて，退職金に係る税額を計算する方法を選択することが可能です（所得税法171条）。

　退職所得についての選択課税による場合，課税の対象となる退職金は，上記①の方法により計算した国内源泉所得の金額ではなく，退職金の総額になりますが，退職金に係る税額は，以下の算式により計算されるため，退職所得についての選択課税による税額が，上記①，②による税額よりも小さくなることがあります。

〈算式〉

　（退職金 − 退職所得控除）×1/2×所得税率

なお，選択課税にあたっては，以下の点に留意が必要です。

> ・役員等としての勤続年数が5年以下である者（特定役員）に対する退職金については，「1/2に相当する金額」にならず，退職所得控除額を控除した後の金額になります。
> ・選択課税により税額を計算する場合，基礎控除を含めて所得控除の規定は適用されません。

　また，選択課税により，源泉徴収された税額が還付される場合，原則として翌年1月1日以降に申告を行うことになりますが，退職金の総額が確定した場

合には，翌年1月1日を待たず，その退職金の総額が確定した日以後に還付申告することが可能です（所得税法173条）。

　退職所得の選択課税を行う場合には，納税管理人を選任する必要があります（国税通則法117条）。

(2)　**住民税**

　住民税は，所得税の源泉徴収の対象となる退職金については，退職金の支払を受けるべき日の属する年の1月1日現在における住所所在の自治体で課税され，退職金から住民税が徴収（特別徴収）されますが（地方税法50条の2，328条），現年分離課税の対象となる退職金は，所得税法199条の規定により所得税を源泉徴収して納付するものに限られることから，外国人が所得税法上の非居住者となってから退職金が支給される場合には，所得税法199条の規定の適用はなく，現年分離課税の対象にはならないと考えられます。

　外国人が帰任後に退職金の支給を受けた場合は，賦課期日（1月1日）において住民基本台帳に記録されている者にも該当しませんので，その賦課期日に対応する年度の住民税の納税義務もありません（詳細は，第1章**Q7**をご参照ください）。

① 日本の法人から支払を受けるケース

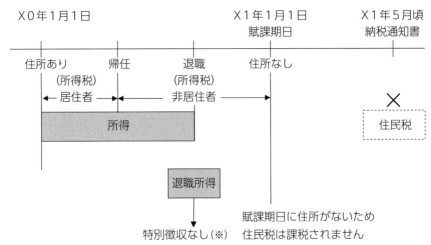

（※）退職金の支払時は非居住者であるため，日本の法人は退職金について
　　　所得税法199条に基づく源泉徴収義務はなく，支払時に住民税は特別
　　　徴収されません

- 退職金の支給時は非居住者であるため，日本の法人は，所得税法199条（居住者に対する源泉徴収義務）に基づき退職金について所得税を源泉徴収する義務はなく，住民税は特別徴収されません。
- 賦課期日に日本に住所がありませんので，退職金は，確定申告する必要がありません。

② 外国の法人から支払を受けるケース

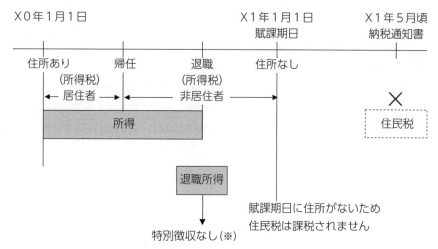

（※）外国の法人は退職金について源泉徴収義務がありませんので，支払時に
　　　住民税は特別徴収されません

- 外国の法人は，所得税法199条（居住者に対する源泉徴収義務）に基づき退職金について所得税を源泉徴収する義務はなく，住民税は特別徴収されません。
- 賦課期日に日本に住所がありませんので，退職金は，確定申告する必要がありません。

2　社会保険

退職金は，社会保険の対象外です。

3　労働保険

退職金は，労働保険の対象外です。

Q3　帰任後の所得税の予定納税

帰任後の所得税の予定納税の取扱いはどのようになりますか。

【概　要】

　外国人が6月29日までに帰任した場合，予定納税の納付義務はありません。外国人が6月30日以降に帰任した場合，減額承認申請により，予定納税額は減額される可能性があります。

【解　説】

1　予定納税

　所得税の予定納税とは，前年分の所得税の納税状況によって，所得税を前払いする制度です。具体的には，6月30日において居住者である者が，その年の5月15日現在において確定している前年分の所得金額や税額などを基に計算した予定納税基準額が15万円以上である場合に，その予定納税基準額の3分の1に相当する金額の所得税を，それぞれ以下の期に国に納付する制度です（所得税法104条，105条，166条）。

- 第1期：7月1日から7月31日まで
- 第2期：11月1日から11月30日まで

予定納税基準額とは，以下のアからイを控除した金額です。

- ア　前年分の課税総所得金額に係る所得税の額（譲渡所得の金額，一時所得の金額，雑所得の金額，雑所得に該当しない臨時所得の金額がある場合には，一定の方法により，これらの金額がなかったものとみなして計算した額となります）
- イ　前年分の課税総所得金額の計算の基礎となった各種所得につき源泉徴収をされたまたはされるべきであった所得税の額（一時所得，雑所得，雑所得に該

当しない臨時所得がある場合には，これらの所得につき源泉徴収をされたまたはされるべきであった所得税の額を控除した額となります）

2　外国人が帰任により非居住者となった場合の予定納税

(1)　6月29日までに帰任した場合

　予定納税の納付義務者は，6月30日時点で居住者または総合課税を受ける非居住者（日本に恒久的施設を有しない非居住者であるものとします。以下，本問において同様です）である者に限られています（所得税基本通達150－2）。外国の法人（日本の法人とは別法人とし，本店・支店関係はないものとします。以下，本問において同様です）から日本の法人に派遣される外国人は，帰任後に総合課税を受ける非居住者には該当しないことが多いので，外国人が6月29日までに帰任し，6月30日現在に非居住者になっている場合には，通常，その外国人は予定納税の納付義務はありません。その外国人に対して予定納税額の通知がされているときには，その通知を発した税務署へ連絡すれば，予定納税の通知は取り消されます。

(2)　6月30日以降に帰任した場合

　予定納税の納付義務者である外国人が，6月30日以降に帰任し非居住者となる場合，通常，その外国人の帰任後の勤務に係る給与は国内源泉所得には該当しませんので，帰任年の所得税は，前年のものに比較して少なくなります。その場合には，税務署長に予定納税の減額申請を提出することが可能です。その減額申請が税務署長によって承認されれば，予定納税額は減額されます。

3　予定納税の減額承認申請

　その年の6月30日の現況で所得税および復興特別所得税の見積額が予定納税基準額よりも少なくなる場合は，7月15日までに所轄の税務署長に「予定納税額の減額申請書」を提出し承認されれば，第1期および第2期の予定納税額は

減額されます。

　また，10月31日の現況で所得税および復興特別所得税の見積額が予定納税基準額よりも少なくなる場合は，11月15日までに所轄の税務署長に「予定納税額の減額申請書」を提出し承認されれば，第2期の予定納税額は減額されます（所得税法111条，112条，113条，114条）。

Q4 年金における脱退一時金

年金における脱退一時金は，どのような場合に請求できますか。

【概　要】..

(1) 脱退一時金は，一定の要件に該当する場合に請求することが可能です。

(2) 厚生年金の脱退一時金は，その支払の際に20.42％の税率で源泉徴収されます。

(3) 国民年金の脱退一時金は，その支払の際に源泉徴収されません。そのため，国民年金の脱退一時金の支払を受けた場合には，原則として確定申告する必要があります。

【解　説】

1 脱退一時金を請求することができる者

脱退一時金は，日本国籍を有しない者が，国民年金または厚生年金保険の被保険者資格を喪失し日本を出国した場合に，日本に住所を有しなくなった日から2年以内に請求することができるものです。日本の公的年金制度は，老後，障害・死亡時の本人や遺族の生活を保障するためのもので，一定の要件を満たす場合には，国籍に関係なく適用されます。日本の公的年金制度に加入している外国人は，滞在中の障害や死亡についての保障はありますが，老齢年金を受給するまでの期間（10年）日本に滞在しない場合には，外国人が納付する社会保険料が年金の受給に結びつかない状況となるため，脱退一時金の制度が設けられています。

脱退一時金は，以下の要件のすべてに該当する場合に請求することが可能です。脱退一時金を請求すると，国民年金保険料を納めた期間または厚生年金の加入期間に応じて，国民年金または厚生年金の脱退一時金が支給されます（国民年金法附則9条の3の2，厚生年金保険法附則29条）。

- 日本国籍を有していないこと
- 国民年金の場合，第1号被保険者として保険料を納めた期間が6カ月以上あること
- 厚生年金の場合，加入期間が6カ月以上あること
- 年金を受け取ることができないこと（受給資格期間が10年以上ある場合（老齢年金を受ける権利がある場合）は，脱退一時金を受け取ることができません。その場合，将来，日本の老齢年金を受け取ることになります）
- 出国後2年以内に請求を行うこと

なお，脱退一時金の請求者が，以下のいずれかに該当する場合には，脱退一時金は支給されません。

- 国民年金の被保険者である場合
- 日本国内に住所を有する場合
- 障害基礎年金，障害厚生年金等の受給権を有したことがある場合
- 出国後2年を経過している場合　　　　　　　　　　　　　　　　など

2　脱退一時金の課税関係

脱退一時金の課税関係は，以下のとおりです。

(1)　厚生年金の脱退一時金

①　国内法の取扱い

厚生年金の脱退一時金は，所得税法31条の退職手当等とみなす一時金に該当します。厚生年金の脱退一時金の支給を受けることができるのは，日本に住所を有していない者であることから，厚生年金の脱退一時金の支給を受ける者は，所得税法上の非居住者（日本に恒久的施設を有しない非居住者であるものとします。以下，本問において同様です）となり，厚生年金の脱退一時金は，所得税法161条12号ハに規定する「その支払を受ける者が居住者であつた期間に行つた勤務その他の人的役務の提供に基因するもの」として，その支払の際に20.42％の税率で源泉税が徴収されます（所得税法31条，161条12号ハ，212条1項，

213条）。

② 租税条約，租税協定の取扱い

　厚生年金の脱退一時金は，租税条約，租税協定上，退職一時金と同様に給与所得条項または役員報酬条項が適用されることになります。

(2) 国民年金の脱退一時金

① 国内法の取扱い

　国民年金の脱退一時金は，所得税法31条の退職手当等とみなす一時金に該当します。国民年金の脱退一時金の支払を受けることができるのは，日本に住所を有していない者であることから，国民年金の脱退一時金の支給を受ける者は非居住者となりますが，国民年金の脱退一時金は，所得税法161条12号ハに規定する「その支払を受ける者が居住者であつた期間に行つた勤務その他の人的役務の提供に基因するもの」には該当しないため，その支払の際に源泉徴収されません（所得税法31条，161条12号ハ，212条1項，213条）。

　そのため，国民年金の脱退一時金の支払を受けた場合には，原則として確定申告する必要があります。

② 租税条約，租税協定の取扱い

　国民年金の脱退一時金は，租税条約，租税協定上，給与所得条項および役員報酬条項は適用されず，その他の所得条項が適用されることになります。そのため，租税条約，租税協定で，その他の所得条項が居住地国課税となっている場合には，日本に課税権はありません。

Q5 脱退一時金の請求方法

脱退一時金は，どのように請求するのですか。

【概　要】..

　脱退一時金の請求を行うには，脱退一時金請求書に一定の書類を添付し，日本年金機構に提出する必要があります。

【解　説】

　脱退一時金の請求を行うには，脱退一時金請求書に次の書類を添付し，日本年金機構に提出する必要があります（国民年金法施行規則63条，厚生年金保険法施行規則76条の２，日本年金機構「脱退一時金請求書 日本から出国される外国人のみなさまへ」）。

- パスポート（旅券）の写し（氏名，生年月日，国籍，署名，在留資格が確認できるページ）
- 日本国内に住所を有しなくなったことを明らかにすることができる書類（住民票の除票の写し等）
- 脱退一時金を受領する外国の銀行口座に係る「銀行名」，「支店名」，「支店の所在地」，「口座番号」および「請求者本人の口座名義」であることが確認できる書類（銀行が発行した証明書等，または，「銀行の口座証明印」の欄に銀行の証明を受けたもの）
- 国民年金手帳，その他基礎年金番号が確認できる書類

　脱退一時金の支給は，脱退一時金請求書を提出してから３～６カ月後になるケースが多いようです。

Q6　厚生年金の脱退一時金

厚生年金の脱退一時金には，源泉税が課されていますが，取り戻すことはできますか。

【概　要】..

厚生年金の脱退一時金は，所得税法31条の退職手当等とみなす一時金に該当しますので，その支払時に20.42％の税率で徴収された源泉税は，退職所得の選択課税による確定申告を行うことで，還付される可能性があります。

【解　説】

厚生年金の脱退一時金は，所得税法31条の退職手当等とみなす一時金に該当しますので，その支払時に20.42％の税率で徴収された源泉税は，退職所得の選択課税による確定申告を行うことで，還付される可能性があります。なお，退職金の選択課税による確定申告を行う場合は，基礎控除を含めて所得控除は適用されません（所得税法171条，173条）。退職金の選択課税による確定申告を行うにあたって，税務申告ソフトを利用する場合，基礎控除をゼロにする機能がないもので申告書を作成すると，還付税額が過大になることがあるため，注意が必要です。

退職所得の選択課税による確定申告は，原則として，脱退一時金の支払を受けた年の翌年1月1日以降に行うことになりますが，脱退一時金の支給を受けた年に，脱退一時金の支給以外に所得がない場合には，脱退一時金の支給日以後に確定申告を行うことが可能です（所得税法171条）。

退職所得の選択課税を行う場合には，納税管理人を選任する必要があります（国税通則法117条）。

〔著者紹介〕

川井　久美子（かわい　くみこ）

デロイト トーマツ税理士法人　税理士　パートナー。1996年に勝島敏明税理士事務所（現デロイト トーマツ税理士法人）に入所。エグゼクティブの報酬制度の構築支援，多国籍企業のモビリティー制度の構築支援，クロスボーダーの人事税務コンサルティングに従事。「海外出張にかかる税務と管理上のポイント」，「アジア各国からの実務研修性受入れに係る課税関係と入国管理法改正の影響」，「インセンティブ型報酬利用時の注意点」などの執筆を各誌で掲載。

田原　和洋（たはら　かずひろ）

税理士，社会保険労務士。1996年一橋大学法学部卒業。日本通運㈱，ヒューマンリンク㈱の勤務を経て，2005年に税理士法人トーマツ（現デロイト トーマツ税理士法人）入社。2010年に田原和洋税理士・社会保険労務士事務所を開業。ヒューマンリンク㈱では，海外勤務者の海外給与実務に従事し，税理士法人トーマツでは，来日外国人の税務の他，金融機関の税務などにも従事する。現在は，個人および法人を対象に，所得税，法人税，消費税，相続税に関する業務などを行う。

Q&A　外国人役員・従業員の税務・社会保険・労働保険

2021年2月5日　第1版第1刷発行

著　者　川　井　久美子
　　　　田　原　和　洋
発行者　山　本　　　継
発行所　㈱中央経済社
発売元　㈱中央経済グループ
　　　　パブリッシング

〒101-0051　東京都千代田区神田神保町1-31-2
電話　03 (3293) 3371 (編集代表)
　　　03 (3293) 3381 (営業代表)
https://www.chuokeizai.co.jp
印刷／㈱堀内印刷所
製本／㈲井上製本所

© 2021
Printed in Japan

＊頁の「欠落」や「順序違い」などがありましたらお取り替えいたしますので発売元までご送付ください。（送料小社負担）

ISBN978-4-502-37011-3　C3034